愛知大学綜合郷土研究所ブックレット

❶

ええじゃないか

渡辺和敏

● 目 次 ●

序 3

一 「ええじゃないか」騒動の発端 6
牟呂村でお札が降る／牟呂村の概要／二人の不幸が村を動かす／お札納めの神事／二夜三日正月／騒動への転換

二 おかげ参りとお鍬祭りの伝統 20
抜け参りとおかげ参り／おかげ参り六〇年周期説／慶安・宝永の群参／「おかげ」到来への期待／明和のおかげ参り／文政のおかげ参り／各地での豪勢な施行／お鍬祭り／牟呂村の古歌

三 幕末期の諸情勢 41
盛んに仕掛けられた「おかげ」／「支配」外の集団／政治情勢／凶作と物価の高騰／村方騒動と一揆

四 「ええじゃないか」騒動の展開 56
牟呂村での騒動／止まらないお札の降下／羽田村のお札降り／吉田でのお札降り騒動／周辺への波及／西方への波及／東方への波及／騒動の終焉

五 「ええじゃないか」騒動の意義 82
その仕掛け人／着実な騒動の展開／世直しと「ええじゃないか」

引用文献・資料 89

【資料】 豊橋市美術博物館蔵 森田家寄託文書『留記』 92

序

慶応三年（一八六七）の晩夏から翌年春にかけて、東海道・中山道・山陽道筋とその周辺や四国などでは大変な騒動がおきていた。各種の神社・仏閣のお札《ふだ》が降り、いわゆる「ええじゃないか」騒動の乱舞が展開されていたのである。この間、政治面では大政奉還・王政復古・戊辰戦争などがあり、新たな局面を迎えた。

この「ええじゃないか」騒動の歴史的意義については、戦前から多くの研究成果がある。戦後の代表的な研究として、昭和二十六年（一九五一）に遠山茂樹氏は「ええじゃないか」を下からの革命の弱さを露呈したものと批判的に捉え、〈1〉井上清氏は幕府権力をマヒさせたと積極的に評価した。〈2〉昭和四十年代（一九六五～七四）になると、藤谷俊雄氏が「ええじゃないか」の諸現象を庶民による社寺参詣やおかげ参りの伝統のなかに位置付け、それが新書本での出版であったこともあって長く読みつがれた。〈3〉

西垣晴次氏と高木俊輔氏は、各地に残る「ええじゃないか」騒動の関連資料によって実態に迫り、その研究成果は現在でもきわめて大きな意味をもつ。特に、西垣氏は日本人の伝統的精神生活との関連で「ええじゃないか」の発生要因を分析し、〈4〉高木氏は各地の騒動の様子を紹介した上でその歴史的意義を論じた。〈5〉

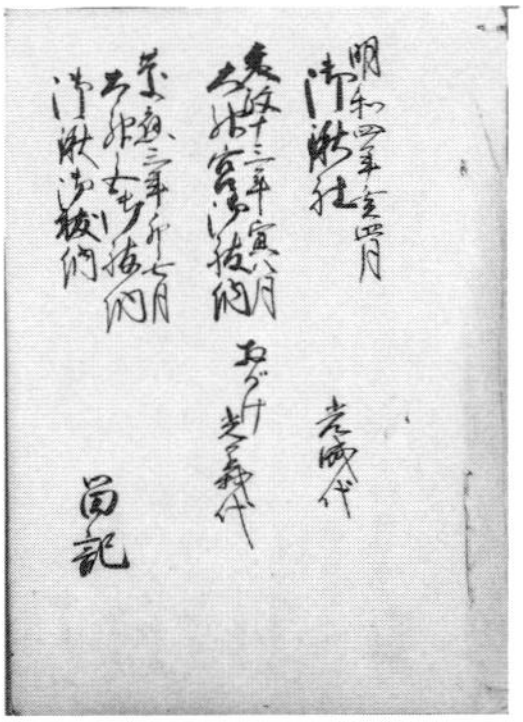

図１．『留記』表紙

近年では、田村貞雄氏が「ええじゃないか」騒動の発生地を紹介し、発生の要因を多方面から検討した。[6] 伊藤忠士氏は東海地方に焦点を当て、領主権力や女性を含む庶民の行動様式を分析した。[7] このほか田村氏の著書の巻末にまとめられているように、[6] 個別論文でも着目すべきものが多い。

さて、田村氏も紹介していることであるが、じつは「ええじゃないか」騒動の発生地は、現在の豊橋市域であったのである。それをはっきり示した資料は、旧牟呂《むろ》村の牟呂八幡宮の神主である森田光尋が記録した『留記』[8]で、これは関連資料とともに平成十二年に豊橋市の文化財に指定されている。

『留記』は、牟呂村でのお札降りとそれにともなう騒動の様子、および周辺からの伝聞をまとめたものである。騒動が一段落した直後の記録であるが、何か別のメモを参考にしながら記録したもののようで、日付を追って正確にその経過を記している。[9]「ええじゃないか」騒動の発端だけでなく、その騒動の展開の仕方をみる上でもきわめて貴重な資料であるので、本書の巻末に全文を紹介した。

本書は、この『留記』を主な資料として、まず現在の豊橋市とその周辺のお札降りから「ええじゃないか」騒動への転換過程を紹介し、その発生要因を再検討する。そして次に先行研究に依拠しながら、騒動の全国的な展開の概要とその歴史的意義を考えてみたい。

よく外国人から、日本人は宗教に節操がないと言われるが、それは宗教意識が低いということではない。現在でも裁判中の、あの忌まわしい宗教まがい集団の例をあげるまでもなく、しばしば新聞紙上でオカルトが問題視される。「ええじゃないか」騒動中でもおきたことであるが、日本では歴史の転換期にさまざまな宗教活動が展開されてきた。「ええじゃないか」騒動がおきてから百四十年を経ようとしている今、この騒動を通じ、日本人が潜在的に有してきた宗教意識を探ることは有意義なことであると思う。

なお、一般にこの騒動の名称となっている「ええじゃないか」は、関西以西での乱舞の際のはやし言葉である。美濃国（岐阜県）では「お札祭り」と言い、東日本では「お札降り」とか「おかげ」などと呼ぶことが多く、そのはやし言葉も山岳行者などが唱えた「六根清浄」という言葉が多かった。この一連の騒動を一括して「ええじゃないか」と呼びだしたのは、土屋喬雄氏が昭和六年に発表した論文から[10]で、それがいつの間にか教科書用語にまでなっている。それ以前は、各地でさまざまに呼ばれていた。

しかし教科書をはじめ、多くの書物で「ええじゃないか」という名称を使用しているので、本書もこれにならうことにする。なお伊藤忠士氏によれば、共通語が浸透して以降の「ええじゃないか」という言葉には退廃的なイメージがあるが、関西弁での本来の言葉では積極的肯定の表現であるという[7]。

一　「ええじゃないか」騒動の発端

七月十四日——今日の太陽暦では八月十三日に当たる。

七つごろ——お札が見つかるのは、こうした早朝や夕暮れ時が多い。昼間の場合は、人通りの少ない場所で発見されるのが一般的であった。

伊勢外宮——伊勢神宮のうちの豊受大神宮のこと。伊勢神宮は、内宮である天照皇大神宮と外宮である豊受大神宮、および多数の別宮や摂社・末社からなる。

図2．牟呂八幡宮

◉——牟呂村でお札が降る

慶応三年（一八六七）七月十四日*の七つ*（午前四時）ごろのことである。牟呂村（豊橋市）の大西というところの多治郎という人の屋敷の東竹垣の裏に、伊勢外宮《げくう》*のお祓《はらい》*が降っていた。それをたまたま通り掛かった大海津《おおがいつ》の人が見つけた。しかしこの人は、このお祓を無視して通り過ぎてしまった。

日本人の多くは、ご神体やお札は空から降ってくると信じていて、お札もこれ以前に何度か降った、あるいは降っていたという例がある。そしてそれが、人々の社会・宗教活動に、さまざまな影響を及ぼした歴史がある。

しかしこのたびのお札の降下は、やがて「ええじゃないか」騒動に発展し、またその連鎖反応の仕方において特別の意味があった。しかも結果的には、この騒動の期間中に、明治維新という大きな政治変革があったのである。

「ええじゃないか」騒動の発端となった最初のお札の降下については、その時期と場所を探し求めた長い研究史がある。二十五年程以前までは、慶応三年八月に名古屋で発生したという説が有力であった。しかしやがて三河国（愛知県東部）のどこかであったらしいという状況証拠が、各地で確認されるようになった。

そうしたなか、著者は豊橋市美術博物館で所蔵する旧三河国渥美《あつみ》郡牟呂村の牟呂*八幡宮の社家であった森田家*文書のなかから、幕末・維新期に神主を勤めた森田光尋が記した『留記』を発見した。その『留記』に、「ええじゃないか」騒動の発端となった最初のお札降りは、牟呂村であることが記されていたのである。

お札の降下から「ええじゃないか」騒動への転換と拡大には、当時の特異な社会背景とともに、さまざまな奇怪現象やそのうわさの流布が影響した。『留記』の筆者である森田光尋は、その「本編」に続く最後の部分で、三遠地方（愛知県東部・静岡県西部）の各地の「神異*」と「牟呂之神異」を記録している。

特に後者については、最初のお札の降下の様子について、七月十六日夜に大西の総代*二人が光尋のところに訪ねてきて、おこったことをありのままに語ったとして、「本編」部分とは別の角度からこの事件の発端の様子を記している。冒頭の牟呂村でのお札の降下については、この「牟呂之神異」の記録によっている。

●——牟呂村の概要

「ええじゃないか」騒動の発端は、牟呂村でのお札の降下であった。豊橋市牟呂地

お祓——神札のこと。現在では一般にお札と総称されている。

牟呂八幡宮——品田和気命と息長帯姫命を祭神とし、豊橋市牟呂町字郷社に鎮座。江戸時代にはこの八幡宮と牛頭天王社領を合わせて四石五斗の朱印地があった。

森田家——森田家は近年まで代々牟呂地区の神社の社家であった。その所蔵する文書は、豊橋市美術博物館へ寄託されている。

神異——正しくは神威。神様の威光という程度の意味。

総代——神主を補佐して神社を維持運営する氏子集団の代表者。村の有力者のなかから選ばれるのが一般的である。

図３．豊橋市の位置

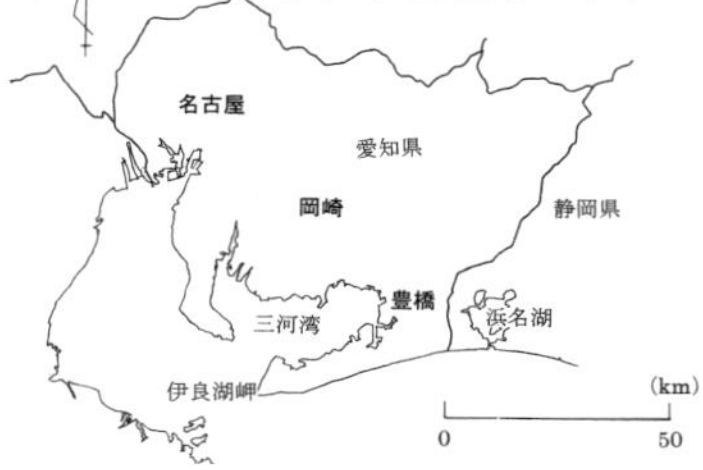

吉田――三河国（愛知県）東部にある城下町。城主の領域は初期には三万石であったが、中期以降は七万石。東海道の宿場でもあった。明治二年（一八六九）六月十九日、地名を豊橋と改称。

村高――村のすべての生産力を米に換算したもの。幕府が理想とした村高は二〇〇石、しかし現実には全国の村高の平均は約四〇〇石であった。

郷帳――幕府領や藩領などを問わず、幕府が一国単位で村高を書き上げた帳簿。

区では、平成八年（一九九六）に地区の有識者が『牟呂史』という大著を出版している。[11] 以下、ここでは牟呂村でのお札の降下の経過を理解するために、江戸時代の同村について、同書を参考にしながら簡単に紹介しておく。

　牟呂村は、豊川と柳生川に挟まれた地にあり、西端で三河湾に接する。現在では愛知県豊橋市の南西部に位置するが、牟呂村が豊橋市と合併したのは昭和七年（一九三二）のこと。江戸時代の状況を説明すれば、城下町であると同時に東海道の宿場でもあった吉田*の中心部から、西方一里（約四キロメートル）の距離にある。その中間には吉田方村の一部をなす羽田《はだ》村がある。

　牟呂村は吉田藩領であるが、一般の村々とかなり様相を異にした。特徴の第一は、村落規模がきわめて大きいことである。村の生産高を示す村高*は、慶長九年（一六〇四）の検地で二、二八六石余もあった。元禄十四年（一七〇一）の郷帳*では一、六八六石余、天保五年（一八三四）の郷帳では二、二三一石余とある。

　村落規模が大きいからと言って、領主権力による支配が行き届かなかったとは断言できない。ただし小規模な村落より大規模なそれの方が、特異な出来事が発生する可能性が高いことは言うまでもない。

　江戸時代の牟呂村とその周辺では、このほかに豊川・柳生川の河口付近で多くの新田が開発された。これらの新田の多くは行政的には吉田方村に編入されていたが、松島新田（二八五石余）と向草間《むこうくさま》村（二一二石余）は牟呂村の一部であった。

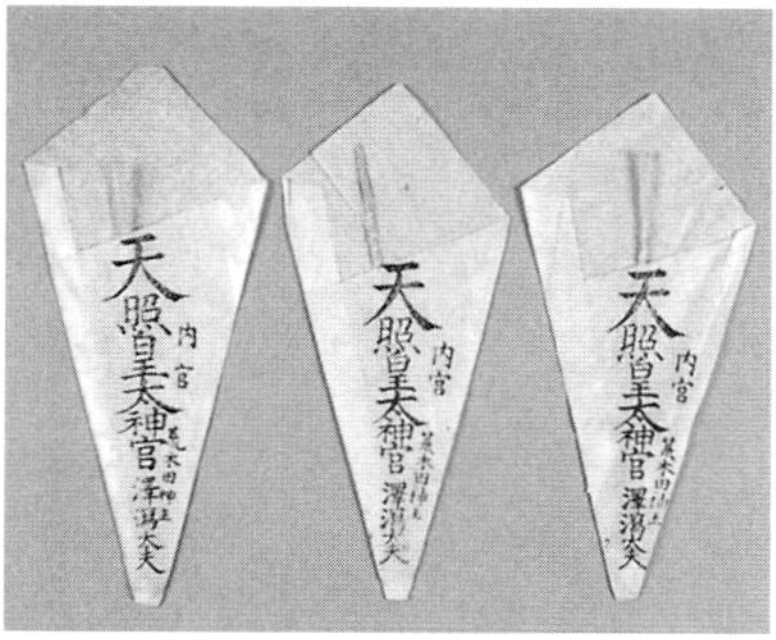

図５．伊勢内宮のお祓（剣先祓）

たため、このお祓を見過ごしてしまった。続いて通った子供も、何げなく通り過ぎてしまった〈8〉。

次に、大西の源三郎の屋敷に住む富吉という人が見つけ、このお祓を多次郎の隣家である組頭*の富蔵の家へ届けた。すると富蔵は、同役の源三郎は穢《けが》れ*中であるので、同じ組頭の清治郎のところへ持ってゆくように命じた。組頭の富蔵は、この問題にかかわりたくなかったので、たらい回しにしたのである。

富吉は命ぜられるままに、清治郎の家へ拾ったお祓を持って行った。ところが清治郎も、それを届けた富吉も、このお祓について疑念を抱いた。その理由は、三十七年前の文政十三年（一八三〇）のおかげ参りのときに降ったお祓には御師*の名がなかったのに、このお祓には「御師内山八郎太夫」と記してあったからである。富吉と組頭の清次郎は、このお祓はだれかが落としたものか、あるいはだれかの作為で放置されたものと思ったのである。しかしとりあえず、富吉はこのお祓を組頭の清次郎へ預けて帰宅した。

お祓が、実際に降下したものか人為的に放置されたものかは別にして、日々平凡な生活を送る村人のなかでは、こうした出来事のうわさはすぐに広まるものである。なかには、こうしたうわさを意図的に広めようとする人もいたであろう。

その夜、拾ったお祓に疑念を抱きながら組頭の清治郎へ届けた富吉の家で

穢れ——源三郎は妻が死去して間もないので服喪中であった。日本人には、服喪中は神事に携わらないという意識がある。組頭の源三郎の家は、先祖代々牟呂八幡宮の禰宜でもあった。

御師——大社寺に属する下級神主。祈祷師でもあり、また全国の信者を回ってお札などを配り、自分の属する社寺を宣伝した。一般には「おし」と言うが、伊勢神宮に限って「おんし」と発音した。

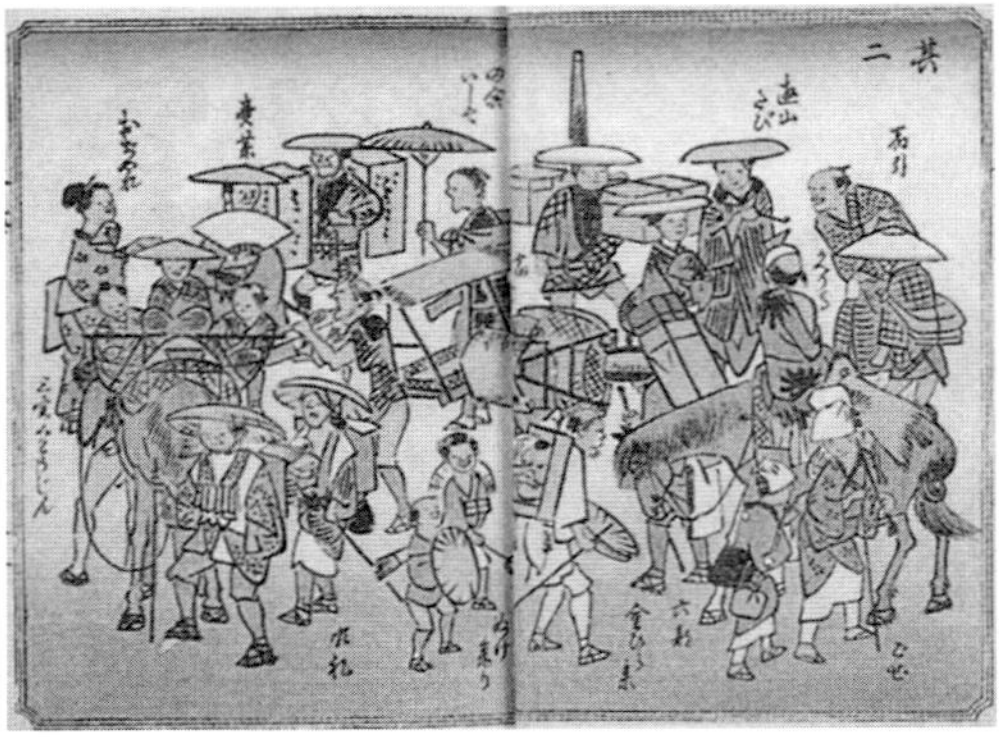

図６．東海道風景図絵（初代広重）

は、八歳になる男の子が病気でもないのに急死した。しかしこのときには、だれもが、これを富吉がお祓を疑ったことに対する「神罰」であるとは思っていなかった。

同じ日の夕暮、大西の天王社*の東に住む醜名《しこな》*をトコナベと呼ばれた人が、友蔵という人に、やはりこのお祓についての疑念を話した。トコナベは、伊勢神宮のお祓が降ったと言って村中で騒いでいるが、そのお祓は煤《すす》が付いたものか、煤びたものであろうと言ったという。煤が付いているというのは、だれかが自分の家にまつってあったお祓を落としたもの、つまり新しいお祓の降下ではないという意味である。

トコナベと呼ばれた人の妻は、前日より*おこりを煩っていた。この十四日は無事であったが、十五日に震えながら精神に異常をきたし、夜半になって死亡してしまった。

お祓の降下を疑った富吉・トコナベと呼ばれた人の家族の死亡を目の当たりにし、村人は恐れおののいた。これは神のなせる仕業である、二人はお祓の降下を疑ったために「神罰」を被ったのだ、と言いはじめた。そこで、お祓の降下を疑った二人の家族が被った「神罰」が、やがて村中に広がることを心配し、十六日の夜、大西の総代が神主の森田光尋の家を訪れて、その「神罰」除*去の神事を依頼したのである。

光尋が思ったのか、それとも大西の総代が述べた言葉なのかはわからないが、光

天王社――牛頭天王とも言い、明治初年に素盞嗚社と改名。牟呂町字大西に鎮座。

醜名――江戸時代の村社会で特定の家を呼ぶ際には、その家の屋号や代々襲名している当主の名前を用いるのが一般的であるが、時に若干の悪意を込めてこのようなあだ名で呼ぶこともあった。このあだ名をヒコ名と呼ぶ地域もある。

尋は次のように記している。「此二人ハもとより信心のなきものにて、心よろしからぬものなり、おそるべし、つゝしむへし、かならすうたかふべからず」[8]。

光尋は、最初のお札の降下について、同じ村内のことであるから、当初から、ある程度は知っていたであろう。しかし詳しいことについては、この夜に来宅した大西の総代から聞いたのであろう。牟呂村でのお札の降下が特別な意味をもったのは、同村内の二人が偶然に死亡するという不幸が重なったからである。

◉お札納めの神事

牟呂村で二枚目のお札が見つかったのは、七月十五日夕暮れのことである。それは上牟呂の大西にある天王社の*庚申《こうしん》の東の雑木の枝に、「世古長官」と記された志摩国（三重県）の*伊雑宮《いぞうのみや》のお祓であった。伊雑宮の上位二人の*禰宜《ねぎ》を中長官と世古長官と称したので、その世古長官が頒布した、あるいはそれに似せたお祓である。

この二枚目のお札の降下に関しては、その日のうちに牟呂村三組の庄屋・総代と神主の森田光尋が相談し、きたる十八日より神事を行うことを決めた。後述するように牟呂村では当時、*お鍬社《くわしゃ》の百年祭を検討中であり、その元宮《もとみや》である伊雑宮のお祓の降下には特別の意味があった。

続いて十五日の晩、三枚目のお札が降っているのが見つかった。それは下牟呂の中村にある浄土宗普仙寺内の秋葉石灯籠の垣の隅の竹の枝に降っている*伊勢内宮《ないくう》の

おこり——毎日か隔日、一定時間に発熱する病気。

除去の神事——現在ではこの神事を一般的にお祓いと称している。

庚申——庚申の日に日待ちを行う仲間が建立した祠か石碑があったのであろう。

伊雑宮——「いざわのみや」とも呼ぶ。三重県磯辺町に鎮座する志摩国一宮。伊勢の皇大神宮の別宮。

禰宜——神社で宮司の下にいる神主。ただし江戸時代の一般の神社では宮司がいる例は少なく、禰宜が祭祀を取り仕切った。

お鍬社——お鍬祭りについては後に詳述するが、この地方では明和四年（一七六七）に伊勢神宮や伊雑宮から勧請したお鍬社が多くある。

伊勢内宮——伊勢神宮のうちの天照皇大神宮のこと。現在では、一般に伊勢神宮と言えばこの内宮を指す。

お祓であった。
三枚目のお札の降下の知らせを聞いた光尋は、三十七年前の文政十三年（一八三〇）のおかげ参りのときに、二枚重ねで降っていた伊勢外宮のお祓を牟呂八幡宮の境内社*の社宮《しゃぐう》神社（石神*）に納めた、と父の光義から聞いたことを思い出した。それを参考にして、十七日七つ時（午後四時）、文政十三年に使用したお祓箱に納めて神事を行った。その際、同社で神酒二樽をあけた。

牟呂村では慶応三年（一八六七）のお札降りによる正式な神事*は、この三枚目のそれが最初である。その際、文政十三年のおかげ参りのときのお札降りによる神事が参考にされたわけである。「ええじゃないか」騒動の発生には、おかげ参りの伝統にも影響を受けていたことがわかる。

十六日の朝になると、最初にお札の降下があった大西で、それを疑った人の家族二人が続けて死亡したことが話題となり、人々は口々に怪しがり、恐れはじめた。人々は、今度のお札降りはだれかの作為ではなく、まさに「神威」（『留記』の表現、以下同じ）であると信じはじめた。近頃、近辺でお鍬社の百年祭が行われており、牟呂村でも行わなければならないと話し合っていた。そこへお鍬信仰に関係の深い伊雑宮のお祓の降下である。人々は、牟呂村だけに「神のしるし」を見せているのだと言って騒ぎだした。そこで十六日夜、前述したように大西の総代が森田光尋の家を訪れ、大西での「神罰」除去の神事を依頼したのである。

境内社——神社の境内に勧請された本社とは別の小規模な祠のこと。

石神——石をご神体としてまつった祠。音が変化して社宮神と呼ぶ場合もある。

正式な神事——江戸時代までの日本人は信仰心が篤く、神事は日常的なことであったが、ここでは神主を介しての氏神での神事をさす。

大西の総代から依頼を受けた光尋は、十七日夕刻の社宮神社（石神）での神事が終わった後、その晩、息子の光文を連れて大西へ出かけた。そして同地の天王社の拝殿において、この最初に降ったお祓を神殿に納めて神事を行い、その礼として村方から*金百疋を受け取った。

大西では神事にあわせ、村人共用の費用で購入した神酒二樽を振る舞い、その夜は若者が*宮籠《みやご》もりをした。光尋は、翌朝も納めたお祓に神酒を献じて*拝礼をするなどの神事を行った。こうして大西では、十七日の晩から十九日まで、結果的にいわゆる二夜三日正月となり、祭りを続けたのである。

この三枚目のお札の降下に対する十七日夕刻の神事は、当該地域・神社だけによるもので、神酒二樽はあけたものの騒動にはならず、そのまま終った。しかし最初のお札の降下にともなう十七日夜からの二夜三日正月により、その様相が急変することになるわけである。

◉――二夜三日正月

牟呂村での二枚目のお札は、前述したように七月十五日夕暮れに見つかった伊雑宮のお祓である。それを大西の人から聞いた森田光尋は、その地が自身の支配地であったので、直ちに牟呂三組の庄屋や総代へ招集をかけた。

早速、集まった総代と相談し、次のようなことを決めた。それは、降ったお祓を

金百疋――金一疋は銭一〇文のこと。転じて金一両が大体銭四貫文であることから、金一〇〇疋は金一分に相当した。通用貨幣というより、主に贈答用に用いられた。

宮籠もり――祭礼の直前や最中に、身を清めたり願かけ成就などを祈念して神社の拝殿などの施設に籠もること。参籠とも言う。

拝礼――体を直角に伏せる最敬礼の作法。礼の作法には、このほかに会釈程度の揖、拝礼と揖の中間の深揖がある。

牟呂八幡宮へ遷*座して神事を行い、そこで酒六樽をあけること、牟呂八幡宮へ幟《のぼり》を立てること、二夜三日正月の祭日として村の休日にすること、そして万事を文政十三年のおかげ参りに準じて行うことなどである。

お鍬祭り百年祭の検討をはじめようとしていたときに、その元宮である伊雑宮のお祓が降ったので、祭礼の規模を拡大したのである。二夜三日正月は、三十七年前のおかげ参りの際にも行われており、それを参考にしたのである。

二夜三日正月の意味は、文字通り二夜三日の間は正月並のハレ*の日・休日ということである。吉田の船町でもお札が降って二夜三日の間燈明《とうみょう》を献じており、大西での十七日からの祭りも結果的に三日正月となった。七月二十二日にお札が降った隣村の羽田村でも、二十三～五日を祭礼・休日にしている。この地域では、規模の大きな祭礼は三日間を休日にして行われてきた伝統がある。

さて、牟呂村ではこの決定に基づき、十八日七つ時（午後四時）、三日前に降った伊雑宮のお祓を牟呂八幡宮へ遷座するための行列を出発させた。その行列では、杉の葉で作ったお祓箱にお祓を入れて竹の先につけ、大西の人々を先頭に、下牟呂の中村、中牟呂の公文《くもん》・市場の人々が供奉*《ぐぶ》した。途中、人々は村中で揃えた手拭・三尺帯を身につけ、後に紹介するような「三百年は大豊作」という古歌を歌って、手踊りをしながら行進した。

その途中では、中村で餅投げがあり、市場では供奉の人たちが饅頭《まんじゅう》を投

遷座——神仏や天皇の座を移すこと。ここではもちろん前者の意味。

ハレの日——特別の日のこと。ハレに対し、通常の状態をケという。村中での慣例的なハレの日や、村人の総意で決めた臨時的なハレの日は、村の全体の休日である。総意に背き、個別的に仕事に従事することはできなかった。

供奉——お供の行列に加わること。

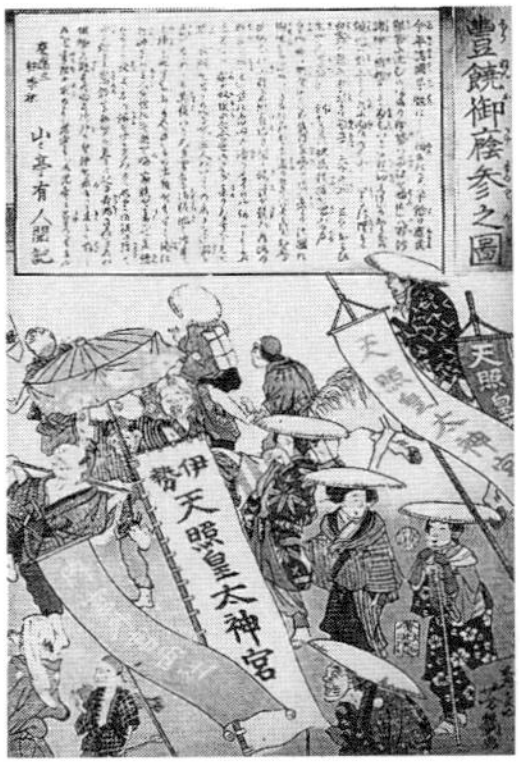

図7．豊饒御蔭参之図（部分）

げながら歩いた。まさにハレ舞台の装置が完備したのである。森田光尋の観察では、我が身を忘れての見事な手踊りであったという〈8〉。

お祓が牟呂八幡宮に到着すると、拝殿*の西の間に高机を立てて仮勧請*《かりかんじょう》し、その後で神酒・洗米・燈明を献じて朝夕の神事を行った。遷座のための行列参加者のなかには、この行事を、検討中のお鍬祭りの百年祭と混同した人もいたであろう。

十九日の晩には、大西の子供らが手拭・褌《ふんどし》などを打ちそろえ、見事な手踊りを踊った。二十日には振る舞い用の神酒が不足して、改めて二樽をあけた。こうした十八日夕刻から続く二夜三日正月の祭りを通じて、人々のなかにはこの祭日が従来の祭りと異なり、それ以上のものであることを認識しはじめる人もいたであろう。

この三日間の牟呂八幡宮での神事のために、燈明料と神供料としてそれぞれ金二分*ずつを要した。その神供は、神酒が一日一升ずつに加えて最終の二十日に牟呂八幡宮の境内社であるお鍬社へ一升を献じ、神饌*《しんせん》が本社へ三膳、それにお鍬社へ降ったお祓を納めた二十日に神酒一升に加えて三膳を備えた。

◉――騒動への転換

牟呂村内のお鍬社は、牟呂八幡宮の境内社*のほかに、牟呂三組にもそれぞれ鎮座していた。それらのお鍬社は、明和四年（一七六七）に東海地方で流行したお鍬祭り、あるいはそれに因んだ時期に勧請《かんじょう》されたものが多い。明和四年以降、この地方

拝殿――神社の施設で、人々が遥拝する場所。神社の基本型は、ご神体の鎮座する本殿とこの拝殿からなる。

仮勧請――一時的に神霊をまつっておくこと。

金二分――金貨は四進法で、金一両は四分、金一分は四朱である。ここでは燈明料と神供料で金一両ということになる。当時は極端なインフレであるが、それでも金一両は一人の生活費の二〜三カ月分に相当する。

神饌――神前に供える飲食物のこと。神供と同じ。

境内社――少し規模の大きな神社では、本社のほかに摂社・末社と呼ばれる小宮を祀っている例が多い。

お鍬信仰――鍬の模型をご神体として、豊年を祈念する信仰。

若者――単に若年齢の人々という意味ではない。一般的には一五歳から結婚するまでの男性集団を指す。

若者組――若者で組織される年齢集団。その集会場が若者宿であるが、牟呂村に若者宿があったかどうかはわからない。同年齢の女性にも娘組などという組織があった地域もある。

では特にお鍬信仰*が盛んであった。

慶応三年（一八六七）七月十八日からの二夜三日正月では、牟呂八幡宮の境内社であるお鍬社への神供について、神主の森田光尋と牟呂三組の指導者が相談して決めた。ただし中牟呂だけは若者*らに「故障」があり、神供を持ってこなかった。

中牟呂の「故障」とは、若者が、村内の指導者が決めた二夜三日正月に従わず、独自の祭礼を行ったことである。お札の降下にともなう祭礼が、ついに村の指導者の統制から離れてしまったのである。

「ええじゃないか」騒動の特徴の一つが、支配・指導層による統制から離れ、支配秩序の外延部にある若者らを主体に展開したとするなら、この「故障」事件は画期的であった。お札の降下による粛々とした神事から、神事をともなわない騒動への転換を意味するものであったからである。

この画期的な「故障」事件が発生するには、さまざまな伏線があった。まず降下した三枚目のお札納めの神事が七月十七日だけ、二枚目のお札納めが十八日からの二夜三日の神事、そして最初のお札の降下による祭日も十八日から二十日までの二夜三日正月であり、矛盾を含みながらの重複した祭日であったことである。この日程の決定には、村の指導者としての判断ミスがあったとみるべきであろう。

牟呂村のなかでの若者組*の存在形態も、重要な意味があった。さらにこの時期になると、牟呂村の周辺村々や城下町である吉田でもお札が降り、それにともなう騒動の様子が牟呂村の若者へ逆伝播していた。それに加え、牟呂村内ではこの二夜三日正月の間に、さらに大量のお札が降ったことも大きな意味をもった。

すなわち十九日の夜、中牟呂の板津と公文で一夜に秋葉山*・大棟梁*（大頭竜）・伊勢神宮・伊良胡*のお札が、合わせて十三枚も降った。そこで中牟呂では、独自に地区内の四つの小宮*で祭礼を行い、同村の若者が宮籠もりをした。

中牟呂から、七月十八日からの二夜三日正月の神供が届けられたのは、それがとうに過ぎた二十四日のことで、しかも若者自らの持参ではなく、総代に持たせてきたのである。ここには、お札の降下にともなう祭礼・騒動が、村の指導者の手から離れていたことがうかがわれるのである。

秋葉山——現静岡県周智郡春野町に鎮座。火防の神と信じられ、室町時代より山伏によって宣伝された。江戸時代には東海・関東地方に信仰圏が広まった。

大棟梁——『留記』には大棟梁のお札とあるが、これは西脇にあった大頭竜神のこと。大頭竜神は明治十年（一八七七）に公文の熊太郎社へ合祀された。

伊良胡——渥美半島の先端の渥美町日出に鎮座する現在の伊良湖神社。

小宮——江戸時代以前には村の鎮守の神社のほかに、さまざまな祠があった。それらを総称して小宮と言う。

二　おかげ参りとお鍬祭りの伝統

◉――抜け参りとおかげ参り

「ええじゃないか」騒動がはじまった時期には、お札の降下とその騒動のなかで、伊勢神宮への集団による参詣がみられた。伊勢神宮から遠距離の地域では、比較的近くの大社寺への参詣で済ますこともあった。「ええじゃないか」騒動は、程度の差はあれ、一定の宗教意識を基盤にしていたことは間違いない。

人々にとって、社寺への参詣*は、自ら有する信仰心を満たすものであった。しかしそれと同時に、参詣という行動自体は、拘束された日常生活からの一時的な逃避という側面もあった。いわば、信仰の名を借りたサボタージュである。

社寺への参詣のなかで、正規の手段によらないものを抜け参り*と言った。旅立ちに当たり、主人や親たちの許可を得ておらず、したがって身元証明書を兼ねた旅の許可書である往来手形*を所持しない参詣の旅のことである。

抜け参りは違法行為であるが、その目的がたとえ建前でも信仰心であるから、帰ってから厳しく咎められることは少ない。社寺へ参詣をしないで、しかも無断での旅も考えられるが、旅先にはたいてい有名な大社寺がある。

社寺への参詣――領主は庶民の旅をなるべく抑止しようとした。しかし信仰の旅と医療目的である湯治の旅は規制できなかった。

抜け参り――戸籍簿である宗門人別帳から抜けるわけではない。共同体生活から一時的に抜け、参詣の旅に出るという程度の意味。

往来手形――庶民が旅行する際に携帯した旅行許可書。一般的には、本人の住所と名前・年齢、宗派寺院名、旅先や旅の目的、旅の途中で死亡した時にはその土地の作法による処置の依頼などが書いてあり、その人が属する檀那寺や村役人等が発行する。

伊勢講――神明講とも言う。伊勢参宮を目的とした団体で、室町時代からあるが、江戸時代には各地で結成された。講員全体が参宮する惣参型と、順番で二～三名の参宮者を派遣する代参型がある。

多神教――江戸時代以前のほとんどの日本人には、万物に神が宿るという宗教意識があった。

本宗――精神面で最も中心になる神社。仏教での本山と末寺との関係とは異なる。

おかげ参り――「おかげ」には、お札が降ったことにより抜け参りができる、沿道の人々の物心両面の支援により参詣の旅ができる、という二つの意味が込められている。

大社寺のなかでも、江戸時代の庶民の多くは伊勢神宮を目指した。伊勢神宮は、内宮で天照皇大神《あまてらすおおみかみ》を、外宮で豊受大神《とようけのおおかみ》を祭神とする律令制国家で最高神である。

しかし中世を通じて伊勢神宮は変質し、庶民も参詣するようになった。江戸時代には、下級神官の御師《おんし》が各地を回り宣伝したので、その名が知れわたった。各地には、伊勢講*などの団体も出現した。

その祭神も、天照皇大神の文字から太陽が連想され、豊受大神は天照皇大神に食事を提供する神であるので農業と関係があるとされ、いずれも農業神として農民をはじめ、そのほかの庶民からも圧倒的な信仰を得た。律令制国家で最高神という教義から離れ、日本人のもつ多神教*のなかでの本宗*《ほんそう》となったのである。こうして神宮と言えば伊勢神宮を指し、伊勢参宮も単に参宮と言うようになった。

抜け参りの大規模なものを、一般におかげ参り*と呼んでいる。おかげ参りは神宮への参詣が多いが、集団による抜け参りの旅に参加すること自体が目的でもあった。江戸時代の後期になると、神宮以外の社寺へおかげ参りに出掛けた例もある。

◉――おかげ参り六〇年周期説

森田光尋の『留記』では、明和四年（一七六七）のお鍬祭りと文政十三年（一八三〇）のおかげ参りに着目している。それは、『留記』の表紙からも端的にうかがうことができる（四ページ参照）。

お札が天から降る——多くの浮世絵にお札が降っている状況が画かれており、その現象に違和感がなかったのであろう。

『留記』の「本編」でも、最初に牟呂村での明和四年（一七六七）のお鍬祭りと、文政十三年（一八三〇）のおかげ参りの様相を記し、続いて慶応三年（一八六七）のお札降りから騒動へ展開して行く過程を詳細に紹介している。光尋は、慶応三年の同村でのお札降りにともなう騒動は、過去のお鍬祭りとおかげ参りの影響が濃厚であったと考えたのである。

研究史上でも、藤谷俊雄氏以来[3]、「ええじゃないか」騒動はそれ以前のおかげ参りの伝統の上に展開したと考えられている。おかげ参りの伝統について触れていない研究成果もあるが、少なくともその伝統を全面的に否定したものはない。

おかげ参りの流行には一つのパターンがある。それを簡単に言えば、まず伊勢神宮などのお札が降っているのを見つけると、何者かがふっと神宮へ抜け参りに出かけ、それにつられて大勢の人々が抜け参りに参加するというものである。

おかげ参りと「ええじゃないか」騒動の共通点は多い。その一つは、お*札が天から降るという「神威」現象を契機に、女・子供や貧窮者、あるいは村内で完全な一人前と認められない若者らが、異常な行動をとることである。ここでの異常な行動とは、必ずしも神宮への抜け参りだけを指すものではない。神仏のお札が降っていれば、それはまさに「神威」であり、異常な行動もその「神威」のなせるわざと考えられたのである。

一般に、おかげ参りは江戸時代を通じて数回おきたとされている。藤谷氏は、

図8．伊勢参宮大井川之図（部分）

それを慶安三年（一六五〇）・宝永二年（一七〇五）・享保三年（一七一八）・享保八年（一七二三）・明和八年（一七七一）・文政十三年（一八三〇）・慶応三年（一八六七）とし、慶応三年の「ええじゃないか」騒動もおかげ参りの一つに入れている。[3]新城常三氏はこれを整理し、慶安三年・宝永二年・明和八年・文政十三年の四回とした。[12]現在ではこの四回説が多くの高校日本史教科書にも採用され、『日本史用語集』（山川出版）でも六〇年周期で「おかげ年」が回ってくると信じられていたと解説している。

おかげ参り六〇年周期説*は、だれでも人生の内で一回はそれに参加することができるということで、一般に受け入れやすい。しかし現実はそのように簡単なものではない。

おかげ参り四回説を採っても、右にみたように正確に六〇年周期というわけではない。江戸時代の人々で、人生五〇年*を生き長らえるのは約半数であり、幼児・老人ではおかげ参りへの参加はさすがに困難である。おかげ参りについては、六〇年周期説を含めて再検討が必要であろう。

●――慶安・宝永の群参

伊勢神宮では、慶安二年（一六四九）に式年遷宮*があった。それに呼応するように翌三年春から四年にかけて、江戸を中心に関東地方と東北地方の一部から神宮へ

六〇年周期説――おかげ参りが六〇年周期でやってくるという説は、すでに江戸時代からあった。松浦静山の『甲子夜話』続編でも、おかげ参り四回説が紹介されている。

人生五〇年――江戸時代後期の既婚者の平均寿命は六五歳程度であるが、子供の死亡率が高く、全体の平均寿命は三〇歳前後である。

式年遷宮――神社では一定の年数を経ると新しく神殿を造営し、ご神体を遷座し直すことが多い。伊勢神宮では奈良時代以来二〇年目ごとに遷宮を行っている。

の群参があった。幕府の正史である『大猷院殿御実紀』によれば、そのきっかけは江戸市中の童《わらべ》がにわかに伊勢神宮へ参詣に出かけたことにあるという〈13〉。実際この時期、東海道の箱根関所*では極めて多くの子供を通す一方で、女手形*を所持しない女性を追い返している〈14〉。

慶安三～四年の群参のきっかけが、子供の参宮であったことは注目すべきである。旅の費用面や安全面で、何の保証もない子供の旅立ちに、当時の人々は奇異な現象を感じ取り、それが群参へと展開したのである。

ただしこの慶安三～四年の群参は、東国の一部だけでの現象であった。この群参の一行は東海道を通ったのであるが、それが東海・西国方面へ波及した形跡はない。またこの群参を、実際に当時の人が「おかげ参り」と称した形跡もないのである。

こうした一定地域での群参は、この時期前後には各地でみられた。そのなかでも万治四年（一六六一）二月におきた江戸や駿河国（静岡県）からの群参は、比較的大規模なものであった。こうした地域的な集団による抜け参りが、一七世紀末からの参宮ブームに受け継がれたのである〈15〉。

それは、一七世紀後半に急展開した農民の自立*により、ある程度の経済的余裕の発生、およびそれとも関連して農民自身に農業経営の自覚が生まれ、農民が伊勢神宮を農業神化したことによるものでもあった。それと同時に、この時期には東海道をはじめとする五街道の交通施設が整備され、旅に誘う各種の出版物も出回りはじ

箱根関所――江戸時代の東海道には、箱根と新居に関所があった。箱根関所では主に江戸から西方へ向かう「出女」を取り調べ、新居関所では「入り鉄砲に出女」と江戸へ向かう女性を取り調べた。

女手形――女性が関所を通るには所定の通行許可証が必要。箱根関所では「出女」に、幕府の留守居が発行した女手形を提示させた。

農民の自立――江戸時代初期には大経営地主に隷属する農民が多かったが、やがて一七世紀を通じて次第に自らの農地や家屋敷をもつようになった。

めたことも要因である。芭蕉の門人である*荷兮《かけい》による

*春めくや　人それぞれの　伊勢参り

の句は、こうした状況から生まれた参宮の風景であった。何らかのきっかけがあれば、より大規模な群参に発展する下地ができていたのである。

慶安三年（一六五〇）の群参から五五年目の宝永二年（一七〇五）正月、関東から九州にわたる広範囲の地域で、集団による抜け参りが流行した。続いて同年四月中旬、山城国（京都府）で神宮のお祓が降って子供が抜け参りに出かけ、これが群参となり、その流行がやがて畿内だけにとどまらず、東は東海地方から江戸、西は安芸（広島県）・阿波国（徳島県）にまで広まった。

宝永二年の群参は、全国的規模で流行した最初のものであった。伊勢国松坂（三重県松阪市）に住んだ*本居宣長の著作である『玉勝間』によれば、その最盛期の宝永二年*閏四月九日から五月二十九日の五〇日間に三六二万人が参宮をしたと記している[16]。この数字は検討の余地を残すが、仮に正しいとすれば、当時の日本人の一五パーセントがこの五〇日間に参宮に出かけたことになる。この群参に際しては、後のおかげ参りで顕著にみられる参宮者に対する沿道での施行《せぎょう》という物心の支援らしいものも行われはじめた[17]。

ただしこの宝永二年の群参についても、当時の人々はこれをおかげ参りとは認識していない。慶安三年と宝永二年の群参は、江戸時代後期に、おかげ参り六〇年周

荷兮（一六四八〜一七一六）――尾張蕉門の有力俳人。晩年は連歌師に転向した。

春めくや――通常の伊勢参りは、農閑期の一〜二月に行われることが多い。現在の太陽暦でいえば、それは二〜三月である。

本居宣長（一七三〇〜一八〇一）――伊勢松阪に生まれた国学者。著書『玉勝間』は没年まで書き続けた随筆集。

閏四月九日――太陽暦では一七〇五年五月三十一日に当たる。同じく五月二十九日は七月十九日に当たる。明治六年（一八七三）以前の暦は、月齢と太陽の軌道を加味した太陰太陽暦であったので、その調節のために三年に一度程度の閏月を設定した。閏月のある年は、年間十三カ月になる。

期説が唱えられてから、その周期に近い時期の群参現象を当てたわけである。

◉――「おかげ」到来への期待

慶安三年（一六五〇）と宝永二年（一七〇五）の群参の間にも、各地で何度か、集団による抜け参りが行われた。そうした傾向は、宝永二年の群参の後にも続いた。例えば、享保三年（一七一八）には春から諸国で参宮が流行した。続いて享保八年三月にも京都で多くの子供が抜け参りをし、薩摩国（鹿児島県）では道者*一万人へ米二合ずつを施す者がいたという[17]。

享保十四年（一七二九）には伊勢神宮で式年遷宮が行われた。その影響で、同年から翌年にかけては、三河国（愛知県）や遠江・駿河国（静岡県）から参宮に出かける人数が異常に多かった。浜名湖北岸を迂回する本坂通（姫街道）の気賀関所*に近い下都田村（浜松市）では、関所破り防止の協力を命ぜられたものの、抜け参りが止まなかったという[18]。関所では、関所手形を持たない抜け参りの人々の通行を黙認するようになったのである。

この享保十四～五年の抜け参りの流行により、東海道吉田（豊橋市）の船町（吉田湊）から伊勢神宮へ向かう乗船者数が激増した。吉田では、江戸時代初期に伊勢までの渡海船運航の特権を得て、寛政十年（一七九八）には幕府の道中奉行*から改めて渡海権が公認された経緯がある。

道者――社寺・霊場への参詣などを目的とし、複数で連れ立って歩く旅人のこと。遍路・巡礼・廻国とも言う。

気賀関所――東海道の新居関所の裏関所。取り調べ方針は新居関所に準じた。

道中奉行――五街道を管掌する幕府の役職。幕府は河川と宮・桑名宿間などを例外として、京都・江戸間での船の旅を原則的に禁止していた。

図9．隷書東海道五十三次吉田
（吉田天王祭の図）（初代広重）

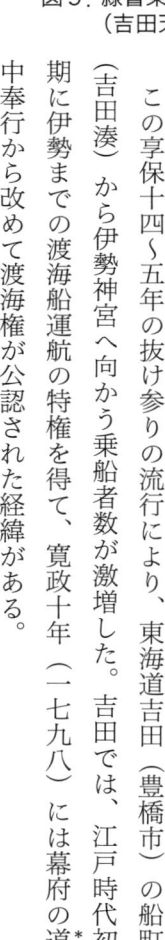

表2　吉田湊より伊勢への渡海者数と同湊の収支

年　度	渡海者数	渡船収入	渡船支出	備　考
享保14年	3,557人	39貫511文	39貫039文	最初の統計数字判明年度
享保15年	7,859人	119貫100文	69貫097文	地域的集団抜け参り
享保16年	2,713人	34貫756文	90貫179文	
明和７年	3,900人	68貫138文	103貫542文	
明和８年	14,578人	355貫170文	134貫903文	おかげ参り
安永元年	3,808人	76貫030文	83貫830文	
安永６年	5,683人	132貫005文	81貫806文	伊勢神宮の遷宮
寛政９年	2,275人	47貫344文	68貫013文	渡海者数の判明する最後
文政12年		62貫523文	61貫037文	
天保元年		183貫455文	121貫293文	おかげ参り
天保２年		47貫577文	44貫642文	
慶応２年		84貫753文	223貫128文	
慶応３年		97貫012文	170貫861文	ええじゃないか
明治元年		148貫218文	270貫540文	
明治６年		243貫430文	21両2朱800文	最後の統計数字判明年度

（注）佐藤又八編著『三州吉田船町史稿』34〜43ページより作成。

吉田の渡海船を管理する同町内の船町には、享保十四年から約一五〇年間の渡海船収支と、約八〇年間の渡海者数を示す記録があり、佐藤又八氏がその記録などを元に『三州吉田船町史稿』としてまとめた。(19) 表2は、そのなかから、おかげ参りなどの特殊な現象が流行した前後の三年間の数字を抽出したものである。享保十五年には前年の二倍以上、翌年の三倍近くの渡海者があり、その収入も約三倍であったことがわかる。

東海道新居宿（静岡県新居町）には吉田藩の新居町奉行所があった。元文三年（一七三八）六月六日に新居宿の庄屋が町奉行所へ提出した届書には、当町の男女は例年六月八日より十四〜五日ごろまで、吉田宿か大崎村（豊橋市）から船で神宮へ抜け参りに出かけている、と抜け参りの予告をしている。元文五年六月七日には、二二人の名簿を書き出し、この二二人とそのほかの男女が明日から神宮へ抜け参りに出かける、と届けている。(20)

抜け参りの予告だけでなく、それへの参加者名簿まで届けているのであるから、一般に認識されている抜け参りとは質が異なるような感じもする。それにしても新居宿では、一定程度の集団による抜け参りが*年中行事になっていたのである。

この元文五年（一七四〇）には、丹波国（京都府）宮津でも子供を中心に異様な参宮現象があった。延享五年（一七四八）四月にも各地から多数の参宮者があり、宝暦八年（一七五八）には伊勢路に米銭が降るという流言があって参宮がはやった〈17〉。

このように地域的な集団による抜け参りは、ほとんど不定期に発生していた。当時の人々には、いまだ全国的な規模でのおかげ参りは周期的に到来するという認識がなかった。そこで日常性からの一時的な脱却のため、何らかの*奇瑞現象にかこつけて盛んに抜け参りの機会をうかがっていたのである。まさに「おかげ」の到来を待ち望んでいたのである。

◉——明和のおかげ参り

集団による抜け参りの流行は、二〇年毎に行われる伊勢神宮の式年遷宮が契機となることが多い。その式年遷宮の二年後の*明和八年（一七七一）三月の節句のころ、丹後国（京都府）田辺辺りから大勢の女・子供が参宮に出かけはじめたが、その現象は同月中旬に一度は中絶した。

しかしその一カ月後の四月上旬、今度は山城国（京都府）宇

図10．おかげ参りの旗（長さ一八〇㎝あまり）

新居町奉行——吉田藩では、元禄十五年（一七〇二）に幕府から新居宿にある関所の管理を委ねられ、そのとき以来、同宿の民政を管掌するために町奉行所（町役所）を置いた。

年中行事——一年のなかで一定の時期に慣例的に行われる行事のこと。

奇瑞現象——めでたいことの前兆としての不思議な現象。

明和八年——この年の凶作に加え、明和九年には田沼意次が株仲間を公認したために諸物価が値上がりし、庶民はメイワクと揶揄した。

治郡より女・子供の二〜三〇人連れが参宮に飛び出したというううわさが広まった。それに呼応し、四〜五月には群参の流行が畿内・西国へ伝わり、さらに六〜九月には東海から関東・九州地方へも広まった。それは、宝永二年（一七〇五）の大規模な群参から六六年目のことであった。

明和八年の夏は全国的に干ばつで不作が心配され、東海地方では特に厳しい状況であった。そのなかでの群参の流行であるから、これは豊作を予測してそれを祝う性格のものではない。四年前にお鍬祭りが流行したことと二年前に式年遷宮があったことを除けば、まさに偶発的な群参の流行であった。

この群参も、当初は以前と同様に「抜け参り」と呼ばれていた。しかしこの群参の最中に、この現象を「おかげ参り」と言う人が現れ、やがてその呼称が一般化した。すなわち当時の人々が、大規模集団による抜け参りを「おかげ参り」と呼んだのは、この明和八年が最初であったのである。

明和八年のおかげ参りでは、四月八日から八月九日の四カ月間に*、伊勢宮川の渡船の利用者が二〇七万人余もあった〈21〉。この人数は、一日毎に克明に記録されたもので、ある程度信用できる。前述した三河国吉田の船町からは、この期間中に通常の三〜五倍の人数である一万四千人余が乗船した（表2）。

出羽国寒河江楯南村（山形県寒河江市）の名主の次男である我孫子周蔵（当時三〇歳）という人は、京都・大坂・伊勢神宮への旅の途中でこのおかげ参りに出会っ

＊四月八日から八月九日——今日の太陽暦では五月二十一日から九月十七日に当たる。

草鞋——藁で編んだ履物で、爪先の藁緒を左右の縁と後端に結びつける。通常、一足は銭一五文程度の値段で、旅人なら一日で履きつぶす。

た。幕藩領主は、おかげ参りの最中の便乗値上げを禁止する法令を出しているが、周蔵の旅日記をみる限りではそうした心配は無用であった。むしろ、おかげ参りの人々に対する沿道各地での施行の多様さが目を引く。周蔵も、途中で出会った見ず知らずのおかげ参りの人々に対し、しばしば草鞋《わらじ》[*]や食事などを振る舞っている。〈22〉

おかげ参りの参加者のなかで「伊勢は津でもつ津は伊勢でもつ」と歌いはやし、「中乗りさんおかげでサ抜けたとサ」と言う文句に拍子をつけた流行歌が歌われたという。〈23〉関西地方には、おかげ参りの参加を記念した献灯籠が残っている。〈24〉こうした歌詞は長く歌いつがれ、灯籠に刻まれた年号は前回のおかげ参りの時期を後世に伝えることになる。

◉——文政のおかげ参り

宝永二年（一七〇五）の大規模な群参から明和八年（一七七一）のおかげ参りの間には、しばしば各地で群参が仕掛けられた。しかし明和のおかげ参り以降は、そうした現象が極端に減少した。

庶民の間には、個人的な抜け参り行動が一般化し、群参に乗ずる必要性が低下していた。同時に、六〇年前後を経過すれば、自ずとおかげ参りの流行が到来するという意識が芽生えていたからでもある。おかげ参りの記念に建立された灯籠や、二〇年毎の伊勢神宮の式年遷宮は、その六〇年周期をはかるのに都合がよかった。

三月晦日から閏三月晦日――太陽暦では四月二十二日から五月二十一日。

文政十二年（一八二九）に伊勢神宮で式年遷宮が行われた。それに呼応するかのように、翌文政十三年三月から再びおかげ参りが大流行したのである。そのきっかけは、阿波国（徳島県）にお祓やお札が降って大勢の子供が伊勢神宮へ押しかけたことによる。

しかし理由は何でもよかった。すなわち今回のおかげ参りは、過去の、特に明和八年（一七七一）のおかげ参りの経験の産物であった。明和八年から六〇年後の文政十三年前後であれば、何時、何処でおかげ参りが流行しだしても不思議ではなかった。いわば、流行すべくして流行したわけである。

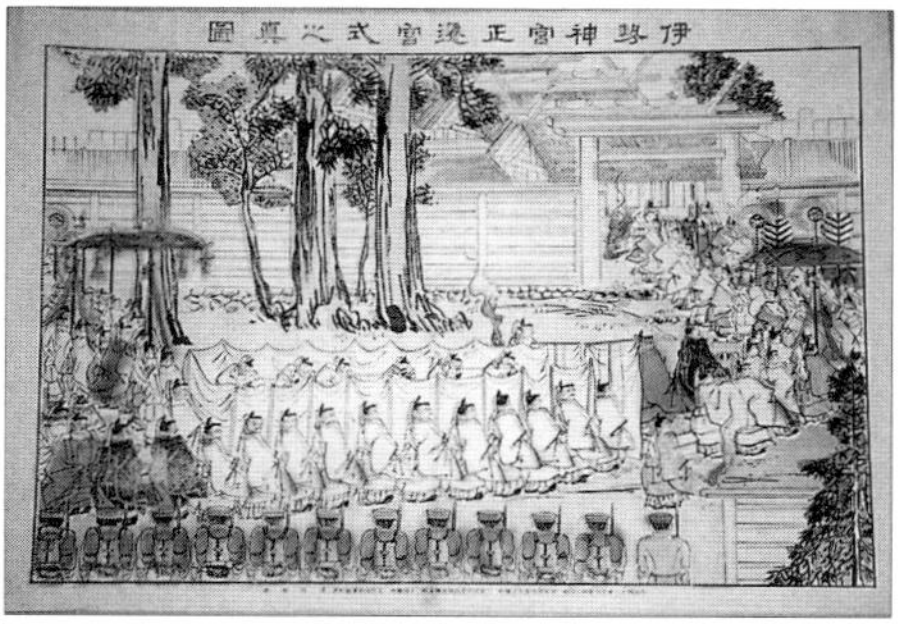

図11. 伊勢神宮正遷宮式之真図

今回のおかげ参りも関西が中心であるが、六月には東海・関東地方へも広まった。伊勢宮川の渡船の利用者は、三月晦日*から閏三月晦日の一カ月間だけで二二八万人余、四月が一四四万人余、五月が三四万人余、六月一日～同二十日で二一万人余、この約一一〇日間で実に四二七万六千人であったという〔17〕。このときのおかげ参りは九月まで続き、しかも宮川の渡船を利用しない西方からの旅人もいたから、全体的に見れば膨大な参宮人数であったと考えられる。

三河国牟呂村の森田光尋は『留記』のなかで、自身が六歳であった文政十三年の同村におけるお札降りとその後の様子について、大略次のように記している〔8〕。

文政十三年六月は大旱ばつであったが、諸国にお祓が降り、「勢州おかけ

八つ時——八つ時は、現在の時刻では午前二時か午後二時であるが、ここでは後者であろう。

おかげ踊り——関西では、このときにおかげ踊りの絵馬が多く奉納された。それによれば踊りの群衆は揃いの衣装で着飾っており、牟呂村のそれと共通している。

高良大明神——豊橋市東脇町に鎮座。江戸時代初期には楠之大明神と称し、幕末になって高良の文字を当てるようになった。

詣」と言って参宮が流行した。牟呂村では真福寺地内にお祓が降ったが、村方では真福寺からそのお祓を下げ渡してもらえなかった。その頃、雨乞いのために村内の牟呂八幡宮と天王社へ若者が参籠すると夜半から雨が降り、翌朝、天王社の杉の木の間に伊勢内宮のお祓が降っていたのを見つけ、社家の自分宅へ知らせてきた。取り敢えず天王社の拝殿へそのお祓を納め、次いで杉の葉で宮形を作ってなかのお札箱に移し、八つ時*に八幡宮へ遷座した。遷座のための道中では、村人が紅白の手拭や赤頭巾をそろえ、おかげ踊り*で大群衆になった。それから二夜三日の間、八幡社への参詣が続き、この間に一八樽の酒をあけた。近辺の村々でも大体一枚位はお祓が降ったが、小浜・忠興村だけには降らず、牟呂村には都合七枚も降った。九月に高良大明神*の杉の木へ伊勢外宮のお祓が降ったが、牟呂村でのお札の降下はこれが最後であった。

ここでは、牟呂村から伊勢神宮へのおかげ参りについては触れていない。ただしお札の降下にともなって村人がハレ衣装で着飾りおかげ踊りを踊ったことや、村中で二夜三日の祝祭日を設定したことなどは注目される。村人のなかには、神宮へおかげ参りに出かけた者も多くいたはずである。

畿内では、この文政十三年（一八三〇）のおかげ参りの際におかげ踊りが流行し、その踊りが慶応三年（一八六七）の「ええじゃないか」騒動にも受け継がれたという[25]。牟呂村でも、この時におかげ踊りを踊り、それが「ええじゃないか」騒動に

六月七日――太陽暦では七月二十六日。

庚申講――庚申の日に日待ちを行う仲間。この日は共同飲食をし、寝ないで過ごす例が多い。

本陣――宿場には、参勤交代の大名や公家・幕府役人が休泊する施設として本陣があり、本陣の補完施設として脇本陣がある。一般の人々の多くは旅籠屋に宿泊した。

も受け継がれている。こうしたことは各地であったはずである。

◉――各地での豪勢な施行

文政十三年（一八三〇）の牟呂村でのおかげ参りのきっかけとなった最初のお札の降下の日時はわからない。しかし東海道島田宿（静岡県島田市）組頭の『地方御用場日誌』では、文政十三年六月七日*条にはじめておかげ参りの記載があり、八日条には伊勢参りの往来で賑わしいとある〈26〉。この時期には、東海・関東地方でもおかげ参りが流行していたことがわかる。

表2では、天保元年（一八三〇）が前後の年と比べて極端に多くなっている。これはおかげ参りの流行した文政十三年の十二月十日に天保と改元したことによる。この地方からも、多くの人が参加したことを示すものである。

見付宿（磐田市）の住民の積立金帳簿である『庚申講*掛銭帳』には、参詣の人々で一日に六万人余の通行があり、野宿の人も多いとある〈27〉。六万人余というのは誇張であろうが、宿屋が満杯で野宿する人もいたというのは、宿場の住民による記録だけに無視できない。

文政十三年のおかげ参りでは、実に多くのお札が各地に降った。見付・二川宿（豊橋市）では本陣*にお札が降り、島田宿では施行《せぎょう》用につくった臨時の風呂場にも降った。

おかげ参りの人々への施行の多さも特徴の一つである。二川宿本陣の『宿帳』の文政十三年七月四日条には、次のようなことが記されている。それは、おかげ参りの人々が多いので、二川宿では一挺につき金二～三分*の接待駕籠を五〇挺も作って宿場の東西に配備し、宿内の四〇〇人ほどの人がそれぞれ金二分前後で接待用の着物を仕立てた。この日は高槻藩主*一行が本陣を利用することになっているので同藩の宿割役人*へ断り、本陣の板間を利用して大神宮のお札を飾り、しとみ戸*を開け桟敷席をつくって接待に供した、というものである。[28]

宿駕籠や米銭・湯茶はもちろん、草鞋を無償で与えたり、髪を結ってやったり、また東海地方へ波及した時期は真夏のために日除け施設や風呂まで準備し、その場所には「御蔭ふるまい」とか「おかげ施行所」と書いた幟などを掲げたりもした。袋井宿（静岡県袋井市）やその近辺の村々では、施行駕籠のほかに、太鼓・笛・三味線などではやして手踊りをし、おかげ参りの人々を送迎した。[26] こうした東海道筋や周辺村々の施行の様相は、すでに京都や参宮街道*で行われていた現象であり、それを発展的に受け継いだものである。伝聞や各種の出版物なども、おかげ参りやそれに対する施行に与えた影響は大きい。

施行は多くの場合「接待」と呼ばれ、宝永二年（一七〇五）の群参でもみられたが、明和八年（一七七一）のおかげ参りで一挙に普遍化した。日頃、米銭に縁の薄いおかげ参りの人々の多くは、沿道の人々の施行によって参宮が可能になった。

金二分――金二分は金一両の半分。金貨は四進法で、金四朱が金一分、金四分が金一両である。

高槻藩――摂津国（大阪市）にある三万六千石の藩。当時の藩主は、永井日向守直進。

宿割役人――参勤交代の一行の到着に先立ち、分宿を差配しておく役人。

しとみ戸――建具の一種で、薄い板の両面に格子を組んだ戸のこと。昼間はなげしから釣って開けておき、夜や風雨のときはそれを閉める。

参宮街道――東海道から分岐して伊勢神宮へ通ずる街道。伊勢路とも言う。

図 12. 人物東海道二川（初代広重）

掛川藩――遠江国（静岡県）にある六万石の藩。当時の藩主は太田資美。

駿府町役所――駿府（静岡市）には幕府が町奉行をおいた。

本来、施行とは功徳《くどく》のために僧侶や貧しい人々などへ物を施すことを意味した。また接待とは、客をもてなす意味以外に、路上で往来の人々に湯茶をふるまうという意味もあった。すなわち、おかげ参りの人々に施行や接待をする側では、その行為によって、自らも「おかげ」の奇瑞にあずかりたいという意識があったのである。

おかげ参りに対する領主の姿勢は、そのきざしがみえると農作業への支障や治安上の問題などを理由に、その流行を極力抑制しようとする。しかし現実に流行している最中には、物価高騰の防止や宿泊施設の確保策を通じておかげ参りの人々の保護に努めるか、ひたすらおかげ参りの沈静化を待つのが一般的であった。おかげ参りは、宗教行為を建前にしたから、それを暴力的に規制すれば民心が離れるからである。

しかし沿道での過度の施行は、際限のないおかげ参りの展開につながる。そこで領主としても一定の規制を加える必要があった。袋井宿やその近辺の村々で行われた送迎の手踊りは、その踊り道中の輪に「無用の人の入り込み」空間が設けられていたため、やり過ぎということで掛川藩*から停止させられた[29]。

島田宿の施行も、七月十一日に駿府町役所*から、おかげ参りは不法な抜け参りであり、農作業にも影響があるとして禁止された。しかしそれでもおかげ参りが沈静化しなかったので、島田宿や周辺村々では同月二十四日に施行を再開した[26]。

図13．豊饒御蔭之図(部分)

お札納め——ご神体であるお祓札を社に納めて永遠にまつること。

今回のおかげ参りの参加者やそれへ施行する人々の多くは、六〇年ぶりに訪れたこの機会を民族的行事のように感じたはずである。それが単なる日常生活からの一時的な逃避とわかっていても、こうした機会の再来を望まないわけがない。

◉——お鍬祭り

抜け参りやおかげ参りの伝統は、江戸時代の人々にほぼ普遍的な共有財産として受けつがれた。それが、慶応三年（一八六七）の「ええじゃないか」騒動に影響したのである。

しかし「ええじゃないか」騒動の発祥地である三河国（愛知県東部）では、それとは別の過去の宗教的イベントも大きな意味を有していた。それは、過去に何度か行われたお鍬祭りと、その最大規模の祭りを記念するお鍬社の百年祭であった。

すなわちこの地域での慶応三年のお札の降下から祭礼・騒動への展開には、お鍬祭りが大きくかかわっていたのである。『留記』を記した森田光尋は神主であり、慶応三年のお札の降下の際には、そのお札納め*の神事を行い、同時にお鍬社の百年祭を執行することが大きな任務であった。

そのお鍬祭りの最大の流行は明和四年（一七六七）のことであった。「参河聡視録」によれば、このときの三河国岡崎地方でのお鍬祭りの端緒について次のようにある。すなわち、久しく不漁であった尾張国知多郡の漁師が明和三年に伊勢神宮よりご神体である鍬を請けてまつると大漁になり、これが各地に伝聞され、翌四年に*岡崎藩領でも藩主の許可を得てお鍬神を*勧請《かんじょう》し、祭礼を行ったというものである〈30〉。

東三河地方でのそれについては、『豊橋市史』に断片的に所収されている「龍拈寺留記」に、次のように記してある。すなわち、明和四年に西三河辺りでお鍬祭りと言って、神輿《みこし》に榊を納めてまつりはじめ、それが村々へ伝わり、四月になると吉田の町でも残らずまつり、遠江・駿河・伊豆国（静岡県）でも大いに賑わったとある〈31〉。神輿へ納めるのは榊ではなく、伊雑宮《いぞうのみや》から勧請してきた鍬の模型をしたご神体という例も多い。

一般的にお鍬祭り*とは伊雑宮信仰と結びつき、正月とか、農耕前の春に、農耕のまね事をしてその年の豊作を予祝する行事である。地域によっては、秋に祝祭日を設定することもあった。信仰圏は、東海地方が中心である。

ときに、熱烈なはやり神*となることに特徴がある。西垣氏によれば、その流行は寛永八年（一六三一）・天和二年（一六八二）・元禄十六年（一七〇三）で、寛保二年（一七四二）以降は壬戌年*、明和四年（一七六七）からは丁亥年も加わって、六〇年に二回であったという〈32〉。流行の周期は、一般に言われている「四回のおかげ参り」よりずっと正確であった。

当初は伊雑宮からご神体を勧請する例が多かったが、やがて伊勢神宮の御師が流行をあおるようになったらしい〈32〉。はやり神ではあるが、明和四年のお鍬祭りやその

岡崎藩――三河国西部にある五万石の藩。当時の藩主は松平康福。

勧請――神仏の来臨を請うこと、または神仏の分霊を請じ迎えてまつること。ここでは後者の意味。

お鍬祭り――一般的には、ご神体であるお祓札や鍬の模型を村中で担いで回り、それが済むと隣村へ受け渡す方式で祭りが行われた。

はやり神――一時的にはやって多くの参詣者や信仰者をもつ神のこと。

壬戌年――前近代の年号の示し方については、十干（甲乙丙丁戊己庚辛壬癸）と十二支（子丑寅卯辰巳午未申酉戌亥）の組み合わせで行うこともある。

後の流行の際に、ほこらを作ってまつった村もあり、流行が終わってからもその信仰は潜在的に引き継がれた。

明和のお鍬祭りの四年後には明和八年のおかげ参りの流行があり、文政十年のお鍬祭り流行の三年後にもおかげ参りがおきた。人々の意識には、お鍬祭りの流行が、やがておかげ参りへとつながるという心理がはたらいていたのである。

牟呂村とその周辺では、明和四年に大流行したお鍬祭りの百年目を記念する祭りを検討しているところへ、伊勢神宮やその別宮の伊雑宮のお札などが降り、騒動が大きくなったのである。歴史叙述に「もし」は禁物であるが、もし、お鍬社の百年祭という行事がなかったら、「ええじゃないか」騒動はおこらなかったかもしれないし、あるいは別の展開をみたかもしれないのである。

●——牟呂村の古歌

明和四年（一七六七）は豊作であり、東海地方の各地ではお鍬祭りでそれを祝した。森田光尋は『留記』で、明和四年の牟呂村でのお鍬祭りについて、次のような内容のことを記している〈8〉。

それは、祖父の代の明和四年四月のことである。諸国で伊雑宮のお祓を勧請することが流行したので、牟呂村でも三河湾を船でわたってお祓を受けてきた。すると村中の人がそのお祓を岸辺で出迎え、船を下りてからの道中では幟を立てて大群衆

ツイテ——「モ」の文字を書き落としたと考えられる。本来は「擦っても搗いても」であろう。

神幸——ご神体が移動すること。その休憩地をお旅所という。

正遷宮——神事をともなって正式に勧請すること。

図 14. 牟呂八幡宮の伊雑宮（お鍬社）

になった。その道中では、

オクワサマガゴザッタァ　三百年ハ大ホウ年

壱束三把で五斗八升　スッテモツイテ*　五斗八升

ホウ年〱大ホウ年

と歌いはやして牟呂八幡宮へ到着した。その日、牟呂八幡宮では仮の神輿をこしらえ、村中を神幸*した。翌日は、そのお祓を境内の東北隅に遷座し、木鍬を二挺作って田打・田植えのまねをして豊作を予祝し、再び右の歌を歌いはやした、という内容である。

牟呂村をはじめとする東三河地方の明和四年のお鍬祭りは、西三河地方のそれが伝えられたものである。したがって右の牟呂村のお鍬祭りの様相は、同村独特の祭りというより、この地方で一般的にみられた祭りの方法とみてよい。

この後、この地方でのお鍬祭りは、ささやかに年中行事として受け継がれた。そして享和二年（一八〇二）の壬戌《みずのえいぬ》年や文政十年（一八二七）の丁亥《ひのとい》年は、流行の当たり年であり、まさにはやり神らしく盛大に祭りが行われた。

牟呂村では享和二年の翌年に、お鍬社を牟呂八幡宮の境内へ正遷宮*している。美濃国（岐阜県）では、安政六年（一八五九）や文久二年（一八六二）にもお鍬祭りが流行した。

「ええじゃないか」騒動のおきた慶応三年（一八六七）は、壬戌年や丁亥年でもないが、明和四年よりちょうど百年目ということで、特に三河国（愛知県東部）でお鍬祭りが流行した。これに先立ち、少し早いが、安政四年（一八五七）や慶応二年に、お鍬社の百年祭を行った村もある。ここでは大きな騒動にならなかったが、何かを契機に、爆発的なエネルギーによって盛大な祭りに昇華させる可能性を有していた。それがはやり神というものである。

慶応三年六月になると、現在の吉良町・蒲郡市・豊川市などでお鍬社の百年祭がはじまったが、これらもそれだけで終わった。同年七月中～下旬に豊橋市域で百年祭を検討している最中にお札が降り、それが「ええじゃないか」騒動の発端となったのである。

以前のお鍬祭りの流行からおかげ参りまでには三～四年を要したが、慶応三年のそれはほとんど連続したわけである。それが幕末の慶応三年たるゆえんである。お鍬社の百年祭と東三河での「ええじゃないか」騒動の発端の関係については、さらに後で詳述するが、その解明は重要な課題である。

なお、お鍬祭りはこの後、明治十四年（一八八一）と同二十一年、戦後では昭和二十二年（一九四七）にも流行している。[32] 江戸時代中期に大流行したお鍬祭りが、人々の信仰心として深く根付いていたのである。

三　幕末期の諸情勢

◉――盛んに仕掛けられた「おかげ」

いわゆる「ええじゃないか」騒動は、直接的にはお札《ふだ》・お祓《はらい》などの降下や何らかの「神威」現象によってはじまる。お札の降下から騒動へ展開する時期は、おかげ参りの例でみるように、春の終わりから暑さの厳しくなる真夏に集中することが多い。文政十三年（一八三〇）のおかげ参りは、関西地方では五月ごろに退潮期に入り、東海道筋でも同年九月ごろに終結した。しかしその余波は、二〜三年間も続いた。すなわち文政十三年五月、河内国（大阪府）錦部郡でお祓が降っておかげ踊り*がはじまった。それが踊り込み*によって村送りされ、翌天保二年（一八三一）八月までに畿内から丹波（京都府）・播磨国（兵庫県）へ波及した。この天保二年には遠江国（静岡県）西部で再び伊勢神宮へのおかげ参りが流行し、翌三年には東海道新居宿で尾張国津島神社*への「津島おかげ参り」が流行して騒動になった。

　おかげ参りの参詣先が、単に伊勢神宮とは限らず、またおかげ参りに騒動がともなうようにもなってきた。これ以降も、各地で手近な共同体内部の氏神の祭礼や近隣の比較的大きな社寺の祭礼・開帳*などを介し、以前におかげ参りが果たしていた

おかげ踊り――街道筋の施行場で発生したので、当初は「施行踊り」と言った。村・町単位で行われることが多く、伊勢へ向かわずに氏神などで踊りを奉納する。掛け踊りの形式で、次第に周辺へ拡散する性格を有した。

踊り込み――身を躍らせたりあばれながら入り込むこと。ここでは隣村に乱入すること。

津島神社――愛知県津島市神明町に鎮座。祭神は建速須佐之男・大穴牟遅命。津島牛頭天王とも呼ばれ、例祭である天王祭は国の無形民俗文化財。

開帳――社寺のご神体・本尊や宝物などを一般の人に見せること。その社寺で行う居開帳と、都市などへ出張して行う出開帳がある。

日常性からの解放感を提供した。天保五年・同十年には京都で豊年踊り*が流行し、同十二年には関東でおかま踊りが流行した〈33〉。

弘化四年（一八四七）正月にも、東海道筋で集団による伊勢参り*が流行した。ただしこのときの参宮については、お札の降下や道中での接待をともなった形跡がなく、しかも初春という時期にも影響されて騒動にまでは至っていない。

しかしその八年後の安政二年（一八五五）三～四月には、おかげ参りに匹敵するような状況を呈した。すなわち同年初春に、人々の袂に白馬の毛と思われる物が入ったといううわさが広まり、三月中～下旬に伊勢国（三重県北部）で「伊勢おかげ」と呼ばれる一国規模での参宮が流行した。それが隣国の近江（滋賀県）・志摩（三重県南部）・美濃（岐阜県）や尾張・三河（愛知県）にまで波及したのである。

この「伊勢おかげ」の流行地の東端に当たる吉田（豊橋市）とその近辺の状況について、羽田村の神主であった羽田野敬雄が次のように記している。すなわち、三月上旬には伊勢国四日市・桑名宿辺りで神宮のお祓が降ったといううわさがあり、同月中旬には三河国吉田宿*でもお祓が降った。さらに四月になると、自身が住む羽田村でも降り、お札の降下現象は四月二十二日まで続いたというのである〈34〉。お祓の降った吉田の上伝馬・札木・垉六・下り・曲尺手町は、いずれも城下町・宿場の中心地であり、住民・旅人や近在の人々の目を引いたことであろう。

幕末期の複雑な政治状況を背景に、人々の乱舞が流行したこともある。元治元年

豊年踊り――豊作を予祝する正月前後の踊りと、秋の収穫後に感謝の意を込めた踊りの二形式があり、いずれも年中行事化している。ここでの豊年踊りは、そうした年中行事化したものではない。おかま踊りについては、その内容が判然としない。

伊勢参り――東国の人々が伊勢参りをする時期は一月が多く、年間の約半数がこの一カ月に集中する。その前後の月を含めれば、約四分の三がこの時期である。

吉田宿――東海道品川宿から数えて三四番目の宿場。天保十四年（一八四三）の家数は一二九三軒、人口五二七七人（男二五〇五・女二七七二人）。

（一八六四）七月の*禁門の変の前後から、京都・大坂などで、志しなかばで処刑されたり自殺した志士の墓へ「残念さん」と唱えながら墓参することが流行した。慶応元年（一八六五）五月に播磨国で流行した稲荷踊りは、長勝踊りとも呼ばれ、第二次長州戦争での長州軍に対する精神的援軍の意味もあった。慶応二年には京都・大坂で茶店・見世物・屋台を繰り出し、毎夜踊り回る「砂持ち」騒ぎがおきた。翌慶応三年にも大坂で同様のことがおき、それは「長州踊り」と呼ばれたという〈6〉。

「ええじゃないか」騒動の直前にも、牟呂村とは別に、お札が降ったところがあったらしい。すなわち慶応三年*三月十八日、名古屋で伊勢内宮のお札が降り、五月二十二日には津島牛頭天王のお札が降った。しかしこれは降ったお札を自宅の神棚にまつった程度で、役人へも届けなかったために*騒動にはならなかったという。同年六月には、大坂で再び豊年踊りが流行し、はやし言葉に「ええじゃないか」が使われ、美濃国（岐阜県）大垣辺りまで広まったという〈6〉。

このようにお札の降下や集団での神宮・地方的大社寺への参詣、あるいは宗教的エクスタシーのなかでの乱舞は、おかげ参りや「ええじゃないか」騒動の際にだけおこった特別な現象ではないのである。お札の降下にともなう「おかげ」は、退屈な、あるいは厳しい生活を強いられた日常性からの一時的な脱却を狙った一部の人々により、江戸時代を通じて盛んに仕掛けられていたのである。それが多くの人々に受け入れられるか否かは、その時の社会背景による。

禁門の変――蛤御門の変、元治甲子の変とも言う。長州藩が勢力を回復しようとして、京都御所蛤御門付近で会津・薩摩藩の兵と戦い敗北した。

三月十八日――太陽暦の四月二十二日。五月二十二日は同じく六月二十四日に当たる。

騒動――お札の降下が騒動に展開するのは、降った家で酒食などを提供するからである。降ったお札を誰にも知られず処分してしまえば、理屈上では騒動にならない。

◉──「支配」外の集団

江戸時代の村々には、厳然とした「支配」組織がある。庄屋（名主）を筆頭に複数の組頭、そして中期以降は百姓代*という村役人がいて、これを村方三役と言った。村役人は、いわば領主とのパイプ役で、村落行政に当たった。

しかし村々のなかにはこうした「支配」組織とは別に、「生活」や「遊び」面での集団やその指導者もいた。「ええじゃないか」騒動の発祥地である牟呂村には、領主や村役人が「支配」する村と、村人の「生活」の場である小村があることは前述した通りである。

「生活」や「遊び」面では、年齢集団になることが多い。例えば一五歳から結婚するまでの男性が加入する若者組はその典型である。そのほかにも七歳から一四歳くらいまでの子供組や、青年女性で組織する娘組がある村もあり、年寄集団はどの村でもほとんど例外なく組織されていた。

若者組の呼び名や有り様は、地域によりさまざまである。牟呂村では「若者連中」、同村が助郷役*を勤めた二川宿*では「若い者仲間」、同宿周辺では「若い衆」と呼んでいた。関東地方では結婚しても脱退せず、三〇歳とか四二歳の厄年*まで加入している場合もある。

このほかにも村役人とは別に、地域で才覚や人望のある者が村人をリードするこ

百姓代──名主・組頭の監視役として、江戸時代中期ごろから選ばれるようになった。しかし次第に村役人に組織化され、百姓仲間の代表という意味が薄れた。

助郷役──大通行のとき、宿場で常備している人足・馬に加え、宿場周辺の村々からも人足・馬を提供すること。

二川宿──東海道品川宿から数えて三三番目、三河国の東端に位置する宿場。嘉永元年（一八四八）の家数は二〇四軒、人口八六九人（男四三六・女四三三人）。

厄年──陰陽家の説で、何らかの厄に逢うので慎まなければならないとされる年齢。男は二五・四二・六〇歳、女は一九・三三歳がその年齢という。

若者組——明治政府の認識では、若者組は戦国時代の遺風であり、解体すべきであるというものであった。

成人——一般的には男子が一五歳になると、その正月十五日に若者組に入った。平成十二年まで成人の日が一月十五日であったのはその名残である。

村内の警備——村中を巡回して夜警や火の番に当たったりした。

図15. 牟呂村の若者仲間が寄進した灯籠

とも多くみられた。これらの人々や年齢集団は、その「生活」や「遊び」面に限ってみれば、原則的には村役人らの「支配」とは別の組織であった。すなわち江戸時代の村々には、「支配」の村と「生活」の村の両面があったのである。

おかげ参りなどの群参は、子供や女性の集団が、ふっと伊勢神宮へ抜け参りに出かけたことがきっかけとなる例が多い。これらはいわば子供組や娘組の集団であった可能性がある。村祭りや「ええじゃないか」騒動の主体は、性別・年齢別でみれば村や町の若者集団である。

若者組*がいつごろから組織されたものかはわからないが、江戸時代中期には多くの村々でその存在が確認できる。若者組は成人*としての集団教育の場であり、ときに村内の警備*をしたり道普請《みちぶしん》などに労働力を提供し、仲間内で結婚相手を紹介することもあった。村祭りでは、その準備から神輿・山車の引き回し、各種の興業などを通じて、一方の主役であった。しかし一方で、村の休日の増加を要求したり、村で決めた休日に働いている人から罰金を取ったりもした。

おとなの社会からみれば、若者は仲間意識が強く親に反抗的で、仲間同士の制裁などは若気の至りと言う以外にない。なかには、若者組から離れれば一人前の百姓として扱われない階層の若者が、その蔑視を避けるためにいつまでも若者組に居残り、やがて仲間の古株になって、ときに百姓一揆のリーダーになったりする者もいた。「支配」組織

牧野伝蔵——生没年不詳。寛政六年（一七九四）四月、吉田船町の斎藤一握に入門して関流の和算を学ぶ。文政七年（一八二四）には『関流算術問答集』を編集。嘉永七年（一八五四）にはその弟子百数十名が、牟呂村の普仙寺に寿碑を建立した。

としての村役人からみれば、若者組は村内の秩序を乱すものとして一定の抑制をする必要があった。

こうしたことから江戸時代後期になると、村の「支配」者が若者に対し、組織としての誓約書を示してそれに押捺させる例が多くみられる。この誓約書を、一般に若者条約と呼んでいる。「ええじゃないか」騒動の発祥地である牟呂村には、同村の和算家でもあった牧野伝蔵*が文政八年（一八二五）二月に書き、若者連中の世話人と後見人に署名させた全三五条にわたる極めて長文の「連中掟書」が残っている〈35〉。内容は、人倫道徳的なことがほとんどで、これを遵守したとは到底思えない。

二川宿には、嘉永五年（一八五二）五月に改めて書き直した全六条の「ケ条書之事」と、全十条の「平性心得相嗜之事」と題した若者条約が残っている。前者はやはり人倫道徳的なことが中心であるが、後者には仲間内の序列や他町の若者組との接触の仕方も含まれて、少しは若者組の実態が反映されている〈36〉。

村役人による干渉や若者条約があろうとなかろうと、若者組は相対的に元気であり、ときに暴発もする。彼らの存在を抜きにして、「ええじゃないか」騒動の展開を語ることはできない。

◉——政治情勢

江戸時代は二百年以上にわたって内乱のない、日本史上でも希有な平和な時代が続いた。それでも後期になると「内憂外患」が露呈し、幕末期には大きな政治変動がおきている。庶民はそうした状況に敏感で、それが社会変革にも影響した。

嘉永六年（一八五三）にペリーが浦賀（神奈川県）へ来航し、幕府はその強圧に屈して翌年三月に日米和親条約を締結した。この間、幕府は海防のための兵力を諸藩から増強したので、東海道筋の宿場や助郷の村々は人馬の継ぎ立てに苦慮した。

安政五年（一八五八）には幕府大老*の井伊直弼が、勅許*を待たず、米国に続いて露・蘭・英・仏国と修好通商条約を締結して開国した。直弼は、自らの政策の反対者にいわゆる安政の大獄で厳しく処したこともあり、万延元年（一八六〇）三月に水戸浪士によって江戸城桜田門外で暗殺された。

井伊直弼の後に幕府政治の中心になったのは、公武合体派の安藤信正*であった。信正は孝明天皇の妹和子を将軍家茂の正室に迎え、それが倒幕派の怒りをかい、文久二年（一八六二）正月に江戸城坂下門外で襲撃されて辞職した。諸藩では保守的な上級家臣が指導力を失い、代わって急進的な下級家臣が実権を握る例が多くなった。

政情不安のなか、文久三年（一八六三）に家茂が尊王攘夷派*を圧するために上洛した。将軍としては、実に寛永十一年（一六三四）の家光以来の上洛であった。この家茂の上洛では、陸路にするか軍艦にするかで迷ったが、結局陸路をとり、二月十三日に江戸を出発、三月四日に二条城*に入った。上洛の大通行に対応するために、東海道沿いの宿村の家々の間取りまで調査した。多くの宿場では、人馬の継ぎ立て

大老——江戸幕府で老中の上にあり、幕府政治全般を統括する最高職。常置職ではなく、全期間を通じて大老になったのは一〇名のみ。井伊直弼（一八一五～六〇）は彦根藩主、安政五年（一八五八）大老に就任。

勅許——天皇の命令を勅という。勅旨や勅書はその意志下達に用いられた文書。

安藤信正（一八一九～七一）——陸奥岩城平藩主、万延元年（一八六〇）老中・外国事務取扱に就任。

尊王攘夷派——尊王論とは天皇・王家尊崇、攘夷論は外国（夷狄）排除の思想。両者は政治運動としては本来別のものであったが、日米修好通商条約の調印問題で反幕府運動として結び付いた。

二条城——徳川家康が京都二条堀川に築いた城。将軍が上洛したときにその居所として利用された。

を巡って助郷との間で紛争が生じた。家茂は目的を達することなく、却って朝廷側から攘夷を迫られ、六月十三日に大坂から海路順動丸に乗って江戸城へ帰った。

京都では、文久三年八月十八日にクーデターがあって*公武合体派が実権を握り、急進派の長州藩勢力と*三条実美が追放された。家茂は文久三年末に再び上洛し、翌元治元年（一八六四）五月に江戸城へ帰ったが、今度は往復とも海路であった。幕府は、元治元年七月の禁門の変で敗れた長州藩勢力の罪を問うために長州征討軍（第一次）を派兵し、英・仏・米・蘭の四国連合艦隊も下関（山口県）を攻撃した。

慶応元年（一八六五）五月、幕府は将軍を筆頭とする第二次長州征討を宣言し、大軍を陸路で大坂へ向かわせた。幕府軍が吉田を通過したのは、*閏五月七日である。しかしすでに藩の政策方針を開国進取に転じていた薩摩藩が長州藩を支持し、翌慶応二年正月には薩長同盟の密約を結んだ。この大軍派兵では、その必需品の買い付けのためもあって、沿道での物価が極端に値上がりした（図18参照）。

慶応二年六月に第二次長州征討がはじまったものの、幕府軍不利の戦況のなかで七月に家茂が大坂城で死去したので、長州征討軍は撤退して東海道を下った。代わって京都にいた慶喜が、十二月五日に一五代将軍に就いた。その二十日後に孝明天皇が死去し、翌慶応三年正月九日に睦仁親王の天皇*践祚《せんそ》の儀式が行われた。

慶応三年五月になると、薩摩・土佐・長州藩の間で討幕が密約された。それを察知した*山内容堂（豊信）の勧めにより、将軍慶喜は十月十四日に朝廷へ大政奉還を

公武合体派――朝廷の伝統的権威を利用し、幕府権力の再建や雄藩の政権参加を掲げた政策集団。

三条実美（一八三七～九一）――尊王攘夷運動にかかわった公家。文久三年（一八六三）の政変で長州などに逃れたが、王政復古で新政府の要職に就く。

閏五月七日――太陽暦では一八五六年六月二十九日。

践祚――皇位を継承すること。

山内容堂（一八二七～七二）――元土佐藩主。一橋派で活躍し、安政の大獄で隠居・謹慎。謹慎解除後は一橋（徳川）慶喜・松平慶永とともに公武合体に尽力した。

請い、翌日に勅許された。二六〇年を超える幕府政治は、形式上、ここに終焉したのである。しかし十月二十日の朝廷での会議では、外交問題などの八カ条すべてについて決定できず、諸侯が上京して規則ができるまでは従前通り慶喜に庶政を委任することにした。

慶応三年十二月九日、王政復古のクーデター*が宣言された。翌慶応四年正月三日に鳥羽・伏見の戦いがおこって戊辰戦争*がはじまり、徳川慶喜は大坂城から軍艦開陽丸に乗って江戸へ避難した。七日、新政府は徳川慶喜の追討令を出した。

この間、吉田藩でも財政難に陥り、嘉永元年（一八四八）にはさまざまな改革を実施した。そうしたなかで藩主の松平（大河内）信古は、安政六年（一八五九）に幕閣の寺社奉行に、続いて文久二年（一八六二）には大坂城代に任ぜられ、動乱期の幕府政治の一翼を担った。元治二年（一八六五）正月、大坂から江戸へ着いた信古は大坂城代を免ぜられ、代わって溜間詰格*の命を受けた。長い間、国元の吉田城へ帰ることのなかった信古は、慶喜を保護する目的で慶応三年（一八六七）暮れに江戸から大坂へ発った。しかし鳥羽・伏見の戦いで慶喜が江戸へ敗走したので、密かに翌年正月十二日に吉田へ帰城した。

幕末期の一揆・打ちこわしや、慶応三年の「ええじゃないか」騒動の勃発には、こうした政治情勢下での領主の不在も一つの要因であった。また騒動とその展開のなかで、それを抑えることができなかったのは、

図16. 末広五十三次 二川（貞秀）

王政復古のクーデター——武力倒幕派によって画策された政変。これによって江戸幕府を廃し、政権を天皇に移した。

戊辰戦争——慶応四年の干支が戊辰のためにこの呼称がある。翌明治二年五月の箱館戦争まで各地で戦乱が続いた。

溜間詰格——幕閣の顧問的な地位で、老中経験のない松平信古にとっては抜擢である。

領主層が政治に対する自信を喪失していたという側面もある。

◉――凶作と物価の高騰

歴史を、庶民の貧困と権力によるさく取という軸だけでみるのには抵抗があるが、確かに幕末期には天災も多くて不作・凶作が続き、諸物価が値上がりした。嘉永三年（一八五〇）には、琉球使節*の通行があった。それをひかえ、米穀が不足していたので、十月に中泉代官所*が所轄の湊へ津留令*を出し、十一月には吉田藩も領内へ津留令を出した。天保十一年（一八四〇）以降の刈谷藩の白米の月平均相場は、一升につき約八〇〜九〇文であったが、嘉永四年には一六六文に値上がりした(図17)。嘉永五・六年の夏は干ばつのため、吉田藩では城下に近い本宮山や石巻山で雨乞い祈祷を行った。

　嘉永七年十一月四日と翌安政二年（一八五五）十月二日には大地震が発生した。東海地方は嘉永七年の地震の被害が特に大き

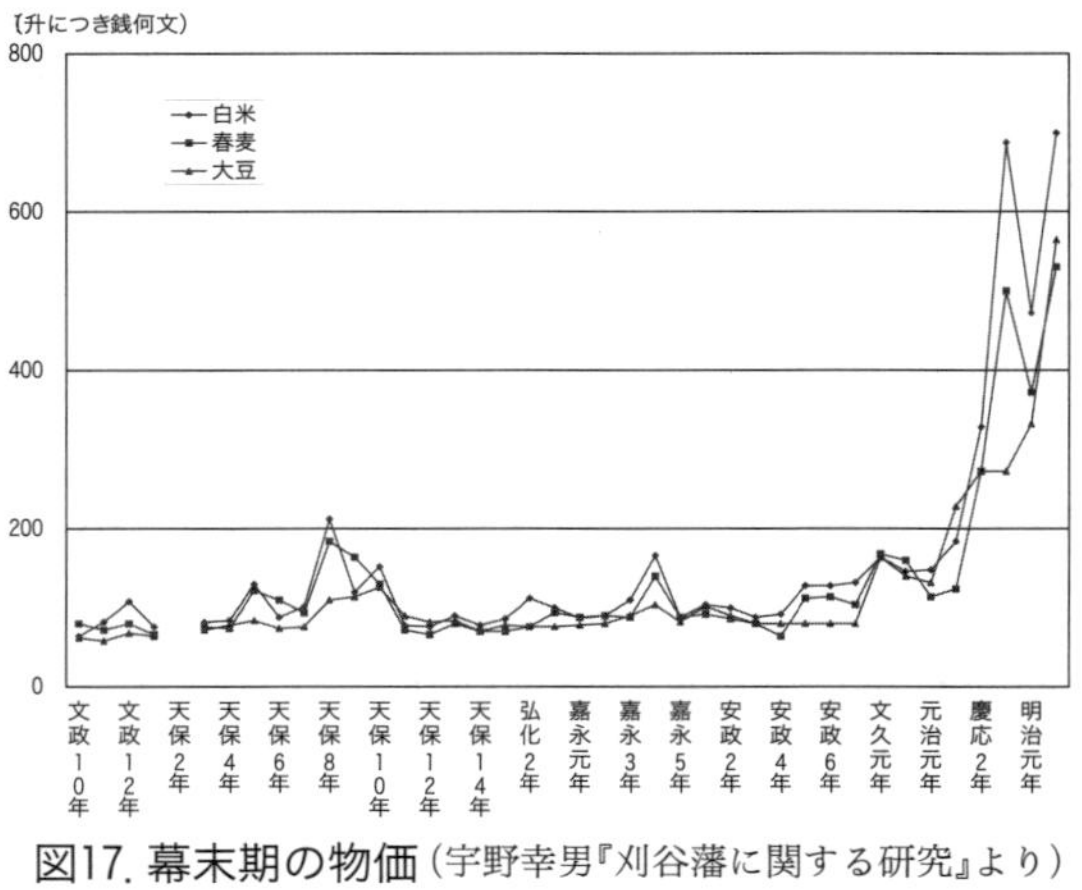

図17. 幕末期の物価（宇野幸男『刈谷藩に関する研究』より）

琉球使節――江戸幕府の対外政策は鎖国と言われているが、朝鮮・琉球とは国交を有し、中国・オランダとは貿易を行っていた。朝鮮・琉球からは将軍就任後に通信使が派遣された。

中泉代官所――現静岡県磐田市にあり、遠江・三河国の幕府領を支配した。

津留令――飢饉の際などに食料を確保するため、領内の物資を他国へ輸出することを禁止する法令。

コレラ――コロリとも呼ばれた。コレラ菌の感染により激しい下痢と嘔吐をともなう伝染病。日本では文政五年（一八二二）に西日本ではじめて流行、安政五年（一八五八）には江戸を中心に全国で甚大な被害があった。

かった。吉田藩の新居町奉行は、安政二年十一月に住民に対し、生活の改善方法の意見書を募ったほどである。しかし一方で幕府は、こうした被災状況のなかで「浮説」を流すことを禁じたりもした。

安政五年（一八五八）の開港前後には全国でコレラ*が大流行し、開港を契機に慢性的に諸物価が値上がりしはじめた。刈谷藩の月平均白米相場をみると、嘉永五年以降は一升につき八八～一〇四文と比較的安定していたが、この安政五年には一二八文となり、以降、幕末・維新期を通じて一〇〇文を下ることがなかった。

吉田藩では万延元年（一八六〇）九月、藩内の御用達や穀物商人に穀物の安売りを命じ、藩自らも領内の食料不足の人々へ穀物を放出した。同藩による穀物の放出は翌年まで続き、文久二年（一八六二）暮れには従来の米穀に加えて大豆・雑穀も津留令の対象にした。食料不足のなか、それを買い占めた商人が、暴利を得るために他所へ売りさばいていたからである。

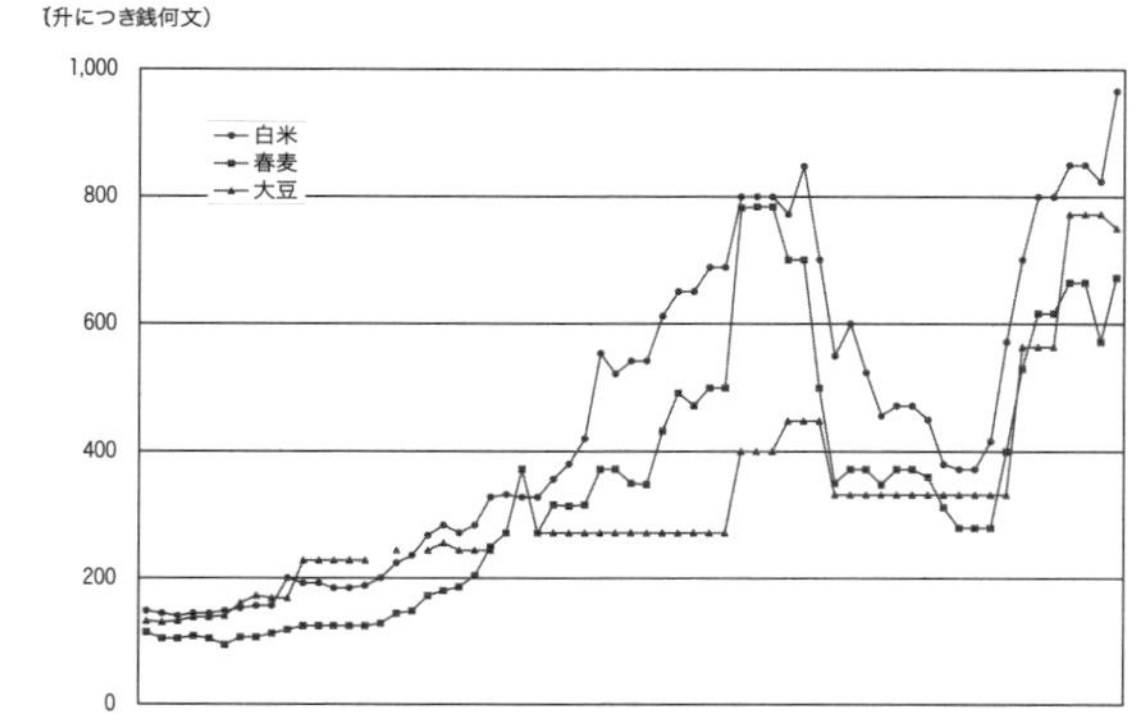

図18. 慶応元年前後の物価（出典は同前）

慶応年間になると、住民の困窮は極度に達した。慶応元年（一八六五）には将軍家茂の再上洛を控え、吉田藩では領内の人々の要求に応えて城米*を安値で放出した。三河国赤坂役所*では、上洛用の物資の確保のために穀物・薪炭・飼い葉・沓・草鞋などを他国へ積み出すことを禁じた。

慶応二年は初夏になっても冷え込み、引き続いて凶作のため、吉田藩ではやはり城米を放出した。八月上旬の台風では矢作川が決壊するなど、各地で大災害に遭った。

「ええじゃないか」騒動が発生する直前の慶応三年の上半期も、前年までの凶作が影響して、まさに悲惨な状況下にあった。刈谷藩の月平均の白米相場は、慶応元年に一八四文、同二年に三二八文、同三年には六八八文に跳ね上がっている。しかも慶応三年の二月以降は七月まで七〇〇文（六月は最高の八四八文）が続いた（図18）。

新居宿では、日雇い労働者がその日の食べ物にも有り付けないので、町奉行の命令により三月から粥の施行をはじめた。ところがその場所へ施行対象外の老人・子供が集まり、ただ他人の食しているのをみて、なにとぞ麩《ふ》*の湯でも分けて欲しいと哀願するばかりであった。しかも彼らは栄養不足のため、大半が流行病に犯されて杖にすがっており、なかには他人の食しているのをみて気絶する人もいて、まさに生き地獄の有り様であった[37]。

慶応三年も真夏になると暑さが戻り、久しぶりの豊作が予想された。同年八月の白米相場は五五〇文に下がり、十二月には四七二文にまで回復した。「ええじゃない

城米——飢饉にそなえて備蓄した城中の米。

赤坂役所——三河・遠江国の幕府領を支配する代官所は中泉にあったが、三河国赤坂宿（愛知県音羽町）にはその出張陣屋（赤坂役所）があった。

麩——小麦の皮の屑と、小麦粉から取り出したグルテンを材料とした食品の二つの意味がある。前者ではノリに使用し、後者では生麩や焼き麩にする。ここでは後者のこと。

村方騒動――村役人や地主と一般の百姓・小作人との間での騒動。対立が激化すると強訴や打ちこわしへ発展することもある。

百姓一揆――百姓等が集団を形成しておこす反領主闘争をいう。

打ちこわし――集団で闘争目標先の家屋をこわし、家財などを破壊する行為。都市で多発したが、百姓一揆に打ちこわしをともなうこともあった。

か」騒動は、長い凶作を乗り越えて物価が下落傾向にあり、さらにその傾向の促進を期待するなかでおこったのである。

●――村方騒動と一揆

江戸時代の人々は、領主の圧政や村役人の不正に対し、さまざまな行動で抵抗した。日常の単調な仕事の間には、休日を設定して一時的な解放感にひたることも忘れなかった。上からの支配と拘束に対し、ひたすら柔順であったわけではないのである。

村役人や領主への抵抗手段としては、ときに村方騒動*や百姓一揆*・打ちこわし*という非合法手段によることもあった。青木虹二氏の『百姓一揆総合年表』によれば、江戸時代を通じて全国に六、八八九件の百姓一揆があった。そのうち「ええじゃないか」騒動の発生地となった三河国で一二六件（百姓一揆五七・都市騒擾三・村方騒動六六件）おきている[38]。国の規模からみれば、三河国は一揆の多発地帯と言える。その要因の一つとして、同国には小藩や旗本領が混在し、領主支配が比較的弱かったことが挙げられよう。

年代的には、時代が下るにつれて百姓一揆が増加している。そのなかでも天明の飢饉と天保の飢饉の時、そして慶応二年（一八六六）を頂点とした幕末期に多発している。三河国で最も著名な一揆は、天保七年（一八三六）に加茂・額田郡下二四

加茂一揆――奥殿藩・尾張藩・挙母藩領や旗本本多氏の知行地などの農民約一万人が、巴川流域の酒屋・米屋などを打ちこわした。

問屋――宿場の人馬継ぎ立ての場所を問屋場と言い、問屋場の役人の筆頭が問屋である。問屋の下には、年寄・帳付・人馬指などの宿役人がいた。

七カ村でおきた加茂一揆*であろう。「ええじゃないか」騒動の参加者のなかには、この一揆を覚えている人も多かったはずである。

幕末になると、三河国でも世情を反映して村方騒動や一揆が多発した。特に東海道筋の宿場と助郷の村々では、将軍上洛に関係した人馬の徴発やその賃銭の支払いをめぐっての騒動が多い。助郷役の減免願いなどは日常茶飯事で、数カ宿の助郷村々が共同で減免願いを提出したり、江戸へ出府して嘆願運動をした例もある。「ええじゃないか」騒動の発生について、最新の研究成果を刊行した田村氏は、その大きな要因にこの助郷騒動、特に慶応三年におきた吉田宿（豊橋市）の助郷一揆を挙げている[6]。

吉田宿の助郷一揆は、慶応三年（一八六七）三月七日におきた。事件の原因は明らかでない点もあるが、同宿助郷の鍛冶・小坂井・篠束・瓜郷・下五井村の人々が徒党し、さらにかねて申し合わせていたそのほかの四〇カ村余からも二千人が参加し、宿場の問屋場へ日勤する総代や助郷総代、問屋*・人馬指の居宅などを打ちこわし、さらに金銭の提供を強要した。助郷の村々では、人馬継ぎ立ての賃銭支払いに関し、吉田宿に不正があると思ったのである。吉田藩では、問屋の過去五年間の帳簿を調査し、隣宿の助郷総代や取締、七カ村の庄屋などからも意見を聞いた結果、不正がみられないと裁決した。

しかし助郷側はその裁決に納得せず、再び打ちこわしを行って一四軒を襲撃した。

手鎖——手錠のこと。ただし多分に建前で、他人と面会するときだけ手鎖を付けていたと考えられる。

このとき、打ちこわしの首謀者とともに、どういうわけか襲撃された側の取締・庄屋・助郷総代も吟味中手鎖*となった〈39〉。彼らが手鎖から解放されたのは、「ええじゃないか」騒動の真っ最中の十月二日のことであった。

助郷側にとっては、宿場の問屋へ掛け合っても受け入れられず、吉田藩からも正当な裁決を期待できないので、打ちこわしという手段をとったのである。幕末期には、こうした相互不信が蔓延していた。ただし「ええじゃないか」騒動の発祥地とその近隣の村々は、この吉田宿の助郷ではなく、同宿東隣の二川宿（豊橋市）の助郷役を勤めていた。

四　「ええじゃないか」騒動の展開

◉――牟呂村での騒動

「ええじゃないか」騒動の直接的な発端は、すでに述べたように慶応三年（一八六七）七月十四日の早朝、三河国渥美郡牟呂村（豊橋市）の大西というところに、伊勢外宮のお祓が降っているのが見つかったことである。重複するが、もう一度、同村でのお札の降下から騒動への変容を『留記』によって整理しておく〈8〉。

牟呂村では十五日の暮れから晩にかけても、伊雑宮と伊勢内宮のお祓が降っているのが見つかった。二番目・三番目のお札の降下である。

同村では、まず三番目に見つかった内宮のお祓について、十七日に神事を行った。次いで、最初に見つかった外宮のお祓を遷座するため、十七日から十九日まで休日にして祭礼を行ったところ、その際に騒動に近い様相になった。

十五日の暮れに降ったお祓は、お鍬祭りの祭神である伊雑宮のものであった。牟呂村をはじめ三河国各地では、明和四年（一七六七）に勧請したお鍬社の百年祭を計画中であったり、すでに実行していた村もあっ

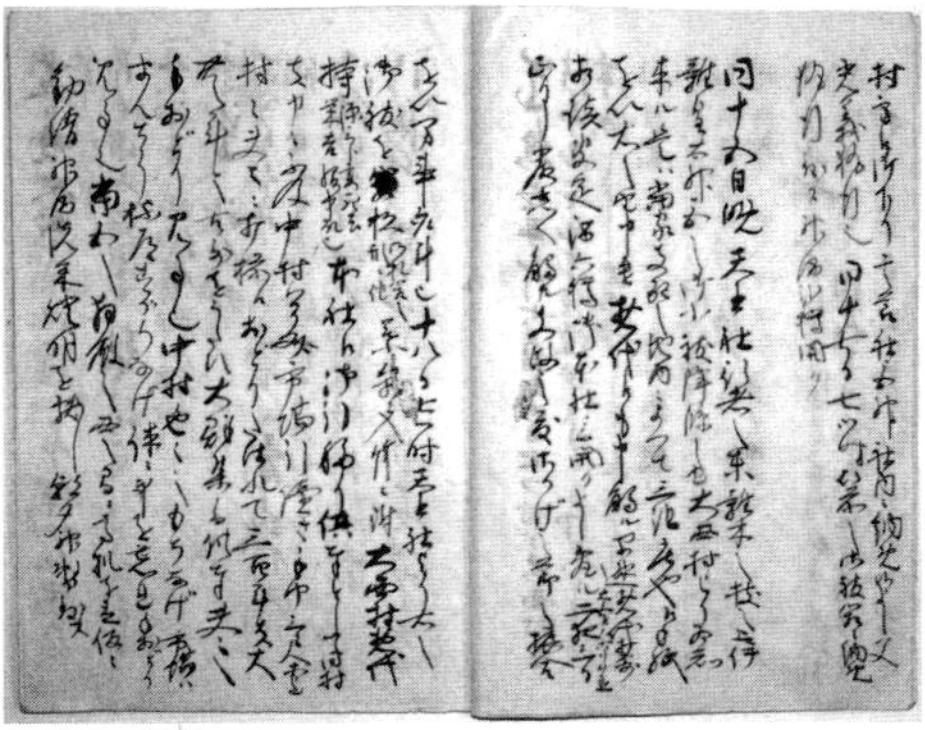

図19.『留記』本文

弁天社――牟呂村の市場に鎮座し、明治初年に市杵島社と改称した。

内宮――屋敷内にある祠。

た。そこへのお祓の降下であったため、同村では改めて神主・村役人らの主導のもとに十八日から二夜三日正月の祭礼を行うことにした。しかし村内の中牟呂では若者が神主・村役人らの主導に反発し、独自の行動をみせはじめた。お札降りにともなっての秩序ある祭礼から、村の指導者の統制がきかない騒動に転化したのである。

この時期には牟呂村の周辺でもお札の降下にともなう騒動がはじまっていたから、それに感化されたのかもしれない。統制から無統制への転化は、相互に作用し合う性格のものである。

十八日からの二夜三日正月の最中の十九日、中牟呂の公文と板津で一挙に一三枚ものお札が降った。次いで、その最終日の七月二十日にも中牟呂の市場と西松島新田でお札が降った。

七月二十一日、市場では神主の森田光尋を招き、前日に*弁天社へ降ったお札を同社の拝殿に納めたところ、大勢の人々が集まった。その際、市場では両日で酒を四樽もあけた。少なくとも市場では、村役人が決めた二十日までの二夜三日正月がすでに無意味になっており、ここでも祭礼から騒動に転化していたことがわかる。

西松島新田に降ったお札は、その場所の持ち主が同新田の元締の主水という人物であったので、主水家の*内宮《うちみや》へ納め、これに光尋が関与することはなかった。主水という人物も、その名からみると神主であったのかもしれない。

二十二日には、東松島新田の権作という者の薮に伊勢内宮《ないくう》のお祓が降っていた。

宮地――祠や神社を建立するための清浄な地。

金一〇〇疋――金一分に相当する。男性の一カ月分の奉公給金が大体この金額。

天王社――現在の素盞嗚社。最初の七月十四日に降ったお札を納めた社。

図20. 松島新田から取った一札

そこで同新田ではその降っていた場所を宮地*と定めて勧請することにしたのであるが、同新田でも「少々故障」があり、二十四日に光尋に依頼して降ったお祓を牟呂八幡宮へ納めることにした。その際、光尋は「故障」の詳細について尋ねた上で、一札を受け取った（図20）。その一札によれば、松島新田では降ったお祓を同村内の水神社ではなく、牟呂八幡宮へ金一〇〇疋*を添えて奉納したいとしている。

『留記』には、これ以降の牟呂村内でおきたお札降りと、それにともなう騒動の様子についても記してある。表3は、その概略をまとめたものであるが、神事執行に対する光尋への村方・個人からの礼金についての記載は省略した。

すなわち牟呂村では七月十八日にはじまった二夜三日正月が村内各地に伝わって拡大し、その騒動が七月二十八日まで続いていたのである。牟呂村での騒動の第一のピークは、実に七月十八日からこの時期であった。この間、お札の降下とそれにともなう騒動は、近隣各地へも広まり、光尋の耳にも各地の「神威」現象が入ってきた。

●――止まらないお札の降下

牟呂村では、八月五日に大西の与平という者の屋敷へ伊勢内宮のお祓が降り、またその一両日以前にも御師「内山太夫」の名が記された外宮のお札が降った。そこでそのお札・お祓を五日に天王社*へ納めると、総氏神である牟呂八幡宮へ手踊りしながらの参詣があった。一定のリズムに乗って踊りはやしながら神社へ集まったのであり、通常の参詣とは明らかに異質である。

八月十一日には、中村の仲蔵宅の前の畑に内宮のお祓、同じく兵蔵の屋敷に津島神社のお札が降っていた。十二日にそれを社宮神社*へ納めたのであるが、その際にやはり若者・中老による手踊りを踊りながらの参詣があった。

牟呂村における騒動の第二のピークは、牟呂八幡宮の例大祭*である八月十四〜五日を契機に訪れた。十一日の中村でのお札の降下と翌十二日の社宮神社への踊り込みは、その前兆であったと言える。

八月十二日には例大祭の準備としての注蓮《しめ》降《お》ろし*が行われた。その最中に、牟呂八幡宮の東山のご神木の側に秋葉山のご小札*とご像札が降っていた。そこで森田光尋と総代は、そのお札の降下による祭礼を同社の例大祭の直後の十六〜十七日とし、十六日には森田家で投餅をすることなどを決めた。その最中の十六日に、今度は大西でお札が降った。結局、この祭礼にともなう騒動は、今度も光尋や総代の思惑を越えて十九日まで続いた。

八月二十日から二十四日まで、森田光尋は息子の光文をともなって遠江国の秋葉*山へ参詣に出掛けている。その途中で、光尋は各地のお札降りやそれにともなう騒動を見聞し、それを『留記』に記している。

牟呂村では、光尋の留守中にもお札が降ったが、それによる祭礼や乱舞*は光尋の

社宮神社——現在の作神社。牟呂町字作神に鎮座。

例大祭——神社で定期に行われる年間を通じての最大級の祭礼。

注蓮降ろし——例大祭の準備として、それまでかかっていた古い注蓮縄を降ろす行事。

ご小札とご像札——小型のお札と神仏の絵が描かれたお札。

秋葉山——静岡県春野町に鎮座。中世に仏教と習合して修験霊場となり、江戸時代には火防の神として東海・関東地方で信仰を集めた。

乱舞——入り乱れて踊り狂うこと。「ええじゃないか」騒動の特徴である。

表3　牟呂村でのお札の降下とその対応

月・日	降札場所	お札の種類	対応等
7・14	大西多治郎	外宮	17日に天王社へ納める 同日より大西で三日正月
7・15	天王社東の雑木	伊雑宮	18日に八幡社へ納める 三日正月 酒8樽 手踊り等
7・15	中村普仙寺	内宮	17日に文政13年の例に倣い社宮神へ納める 酒2樽
7・19	板津治左衛門	大神宮	
7・19	公文の4カ所	大神宮6枚	計13枚 中牟呂で酒4樽 お札は地内4社へ納める
7・19	板津彦太郎	伊良	
7・20	市場弁天社	内宮	21日に同社へ納める 2日間で神酒4樽 群衆す
7・20	西松島おげん山	外宮	地主の屋敷宮へ納める
7・22	東松島権作の薮	内宮	24日に八幡社へ納める 投餅等 村中揃って参詣
7・22	行合権現社	内宮	23日に同社へ納める 酒2樽
7・22	中村仲蔵	光明山	社宮神へ納める 酒1樽
7・27	市場弁天社	内宮	28日に同社へ納める 神酒2樽
7・28	市場弁天社	内宮	
8・5	大西与平	内・外宮2枚	手踊りで八幡宮へ参詣 酒村方1樽・与平1樽
8・11	中村仲蔵前の畑	内宮	12日に社宮神へ納める 手踊りで八幡社へ参詣
8・11	中村兵蔵	津島札	酒両人で1樽・村方で1樽
8・12	八幡社の神木際	秋葉社等2枚	一先ず仮屋へ 例祭後牟呂中で二夜三日正月
8・16	大西文蔵	秋葉社2枚	18日に天王社へ納める 後に両家へ勧請
8・16	大西孫作	金毘羅	酒両人で3樽・村方1樽 子供揃い八幡社へ参詣
8・18	中村徳蔵	内宮	19日に天王社へ納める 酒2樽 投餅 中村で酒1樽
8・21	市場弁天社	秋葉社	25日に弁天社へ酒2樽 娘・嫁の手踊り八幡社へ参詣
8・24	市場留吉	秋葉社	同家へ納める 同人にて酒4樽、甘酒等
	松島の4家	秋葉社等	計17枚
8・25	中村甚左衛門	秋葉社	27日に同家へ納める 酒2樽
9・7	東脇勘十の畑	役行者札2枚	酒1樽1斗
9・7	中村彦蔵	秋葉社	8日に八幡社へ納める 酒2樽
	板津の3家	所々5枚宛	
	外神万吉・久作	秋葉社	
9・9	板津源之助	秋葉社	
9・9	松島権作	秋葉社	
9・17	板津若宮社		
9・17	市場彦治	外宮	お札に御師の名あり 同家へ納める
9・17	板津治三郎	秋葉社	
9・18	中村久太郎	秋葉社等	19日にお札を森田家へ持参
9・28	中村久蔵	秋葉・善光寺	
10	市場平七	御鍬社	お札を森田家へ持参
11・3	外神久蔵	秋葉社	

（注）出典は森田家文書「留記」（豊橋市美術博物館蔵）。

帰宅を待って行われた。光尋が帰宅した二十四日、早速、二十一日に市場で降っていた秋葉山のご小札の祭礼に関連して、若者・娘・嫁などによる手踊りや牟呂八幡宮への参詣があり、二十五日に同宮へそのお札を納めた。

二十四～五日の騒動中にも、村内でお札が降り続いた。ただし今回のお札降りでは、降った家で二十七日にそのお札を納める神事を行った程度で、

八〇樽——一樽は四斗であるから、約五七六〇リットルに当たる。

目立った騒動にはならなかった。

九月になると、七~九日に再びお札が集中して降り、お札が降った家でたくさんの酒を振る舞った。十七~八日にも集中して降り、同様のことが行われた。光尋は『留記』の九月十七日の記載のなかで、これまでに牟呂村中では酒を凡そ八〇樽*も購入し、これは「前代未聞之事也」と記している〈8〉。

ただし九月以降の牟呂村では、ほとんどの場合、降ったそのお札を牟呂八幡宮やその境内社に納めたり、村中で祭礼を行うことはしていない。単に降った家に納め、降った家で酒を振る舞うという形式に変化している。騒動の過程でお札の降下と神事がはなればなれになり、同時にあまりに長引く騒動で村人に倦怠感がでてきたのであろう。同村での騒動は、七月中旬から八月下旬までが中心であったのである。

牟呂村では、その後も断片的にお札が降っている。騒動のピーク時に、非日常的な二夜三日正月やその規定を越えた休日、あるいは施酒・施米・施金などの恩恵に預かった人々が、その再来を期待して仕掛けたのであろう。しかし『留記』をみる限り、その後のこうしたお札の降下では目立った騒動に展開した形跡がない。

『留記』では、十一月三日に外神《とがみ》の久蔵という者の家に秋葉山のお札が降ったことを記し、終わっている。牟呂村のお札降り騒動は終ったのである。

◉――羽田村のお札降り

牟呂村でのお札の降下に続き、その周辺の草間村・野田新田や吉田城下の萱町でもお札が降った。隣村の*羽田村には、七月二十二日にお札が降った。

羽田村では、付近の村々でお鍬社の百年祭を行っているのにならい、氏神の羽田八幡宮でお鍬祭りを行う準備をしている最中に、村内の西羽田へお祓が降った。同神社の神主である羽田野敬雄の『万歳書留控』によれば、幸いお鍬祭りにあわせ、降ったお祓をまつることに決めたとある。[34]

二十三日夜、村内では幟を立てて提灯・灯籠を献じた。同日七つ時（午後四時）には、若者・子供が幟をかついで*住吉踊りを踊りながら、降ったお祓を羽田八幡宮へ送ってきた。その夜、お祓が降った西羽田では神楽《かぐら》が執行された。

二十四日には、お祓を羽田八幡宮の廊下に飾り、境内にあるお鍬社とこのお祓に神饌物を献じた。終日、村中で*院内神楽を執行し、四つ時（深夜十二時）にお鍬社百年祭とあわせて神事を行った。その費用は*村入用であり、神事の後の*直会《なおらい》は村役人は拝殿で、そのほかの人々は*広庭で行っている。賽銭は、二十三日が九〇七文、二十四日が三貫七一三文であった。翌二十五日夜も若者が集まって酒樽をあけているから、やはり羽田村でもお祓を納める祭礼が二夜三日正月であったことがわかる。ただし灯明は、七夜続けてともされた。

羽田村――吉田宿と牟呂村の間に位置する。吉田方村（二千石余）五カ村の一村で、寛文十一年（一六七一）に高分されたが、郷帳では五カ村がすべて吉田方村となっている。牟呂村の上・中・下組と同様の仕組みである。

住吉踊り――大坂の住吉大社に伝わる踊りで、茜の菅笠や茜木綿の前垂れ衣装に特徴がある。江戸時代に願人坊主が各地へ流行させた。

院内神楽――民間での神楽の一種であろうが、どのような内容であったかはわからない。

村入用――小入用ともいう。村全体の共同経費。費目は、村役人の役料や会議費、旅人に対する宿泊介護費など多岐にわたる。年一～二回村民から徴した。

直会――神事が終わった後にその神饌物を戴く行事であるが、多くの場合は神酒だけで済ませる。

広庭——拝殿の前の空き地。村役人は拝殿、一般の人々は外であるから、ここには厳然とした序列が保たれている。

羽田村では、八月一日にも秋葉社のお札二枚、氏神である羽田八幡宮のお祓一枚が降り、二日に村内二カ所で神事を行った。その祭礼は、先の二十四日とほぼ同形式であった。

こうしてみると、この時期までの羽田村でのお札降りによる祭礼は、神主と村役人の主導で行われていたことがわかる。同村では、まだ騒動にまでは至っていないのである。

図21. 吉田城の隅櫓

羽田村でのお札の降下について、日時のわかるのはここまでである。『万歳書留控』のお札降りに関するその後の記述は、下地村や吉田城下でのお札降りにともなう騒動の様子と、村内中郷で降ったお札の取り扱いに関するものだけである。

牟呂村・吉田城下をはじめ、周辺町村でお札が降り続き、やがて騒動になっているのに、羽田村だけが何もなく途切れたとは考えられない。おそらく隣村の牟呂村と同様の展開であったと考えられる。羽田野敬雄は、当初は「神威」現象としてお札の降下について記録した。しかしお札の降下が延々と続くことに疑念を抱き、しかも村内指導者の統制から離れて騒動化したので、その現象を無視するようになったのであろう。それも村の指導者としての選択肢の一つであった。

それに対し、おなじ神主である牟呂村の森田光尋は、自らが知り得る範囲で、この騒動を細大漏らさず『留記』に記録している。『留記』によれば、七月二十七日以前に前芝の加藤六蔵という人の屋敷へ讃岐国（香川県）の金比羅宮*の金幣*が降った。その後、牛久保や吉田の下モ町でもお札が降った。さらに近在では西羽田・富田・羽田・羽根井・橋良・草間・大崎・大（老）津・小池・小浜・高足（師）村（いずれも現豊橋市）などで残らず降り、それぞれに狂言・手踊りを催して大騒ぎであったという。[8]

◉――吉田でのお札降り騒動

江戸時代の通信・伝達組織は、飛脚や村内にいる定使*を中心に、かなり発達したものであった。大都市には、情報そのものを売って生活する人もいた。

個人の私信や旅行者などから街道とその宿場を経て在方*へ伝えられる口コミも、いぜんとして重要であった。さらにニュース性の高い各種の出版物や、社会不安の助長や社会変革を希求するさまざまな張札・落文*、私的な書簡類は、ときに誇大化されたり、誤った内容に変化したりして広まった。

牟呂村でのお札の降下が、城下町でもあり東海道の宿場でもある吉田へ波及したことは、その後の騒動の全国的な拡大という点で重要な意味を有した。佐藤又八氏の『三州吉田船町史稿』には、慶応三年（一八六七）六月二十一日に吉田の船町でお札が降った資料が収録してある。[19] ただしその元資料は戦災で消失し、今となって

金比羅宮――香川県琴平町に鎮座。江戸時代には全国的に信仰を集めたが、特に漁民の信仰が篤かった。

金幣――金色の幣帛、神前に献じるぬさのこと。

定使――村々では触書や手紙などを伝達する人足として定使（定夫）を雇い、村入用のなかから給金を支払っていた。

在方――江戸時代には集落の行政的・景観的基盤によって、都市部を町方、都市部以外を在方といった。在方は、さらにその景観的基盤によって里方・浦方・山方などにも分類される。

張札・落文――出所不明の怪文書。人目のつく場所に張ったり、落としてある。おかげ参りや「ええじゃないか」騒動を誘引する降ったお札も、広い意味では落文である。

後者――七月二十一日を六月二

十一日と間違えた可能性が高い。

表4　吉田惣町の施行品・特別行事

	町　名	施行品・特別行事等
表町	船　町	御神酒・投銭（当百・文久銭640貫文）
	田　町	投餅（40俵・銭300文）・御木引車
	坂下町	御供餅
	上伝馬町	御供餅（伊勢参り）
	本　町	御供餅（50俵）
	札木町	投餅（30俵）・赤飯（20俵）・かげ芝居・宝車
	呉服町	御田植え
	曲尺手町	顔見せ
	鍜冶町	大幣帛・投餅
	下モ町	御供餅
	今新町	大鷲・投餅（30俵）
	元新町	投餅（20俵）・投手拭（1000筋）
裏町	天王町	
	萱　町	御供餅
	指笠町	投餅（25俵）
	御輿休町	
	魚　町	投餅（70俵）
	垉六町	投餅
	下リ町	狂言
	利　町	御供餅
	紺屋町	御供餅
	元鍜冶町	御供餅
	手間町	御供餅
	世古町	
隣接地	下　地	御神酒（50樽）・投餅（50俵）・団扇（3000本）
	新銭町	御蔭駕籠・滝水・投餅・土産箸
	中　柴	相山・茶番狂言・万金丹

（注）『豊橋市史』二巻所収「東海道吉田宿惣町御かげの次第」より作成。

は確認することができない。考えられることは、六月二十一日にお札が降ったものの中絶した、佐藤氏の資料筆写ミス、この二点であるが、おそらく後者*であろう。

吉田での最初のお札の降下は、慶応三年七月十八日夜に町内の萱町であった可能性が高いという[6]。森田光尋の『留記』には、牟呂の後に吉田の船町の壷屋の裏に伊勢神宮のお祓が降ったとある[8]。羽田野敬雄の『万歳書留控』には、草間・牟呂・野田新田などでお祓が降って祝祭を行ったが、羽田村でも二十二日に降ったという記載がある[34]。両書により、吉田でのお札の降下は、牟呂村より遅れ、羽田村より早かったことがわかる。

『留記』では、七月二十七日の記事の後で、吉田では神宮のお祓や秋葉山

お供餅――降ったお札へ献じた餅。

のご小札・ご像札などを鶴より小型の鳥がくわえて空中より降らしており、その様相を息子の光文も見たと記している。[8]『万歳書留控』の八月一日条には、吉田の町中にもお札が降って神酒・甘酒・投餅などの施行があり、にわか狂言なども行われて町中大賑わいと記している。[34]鳥がお札やご神体をくわえて飛来するというのは、古典的な言いならわしである。誰かが鳩などを使ってお札をまいていたのかもしれない。

吉田でのお札降り騒動の最中、「東海道吉田宿惣町御かげの次第」と名付けた木版の刷物が出回った。[31]表4は、その内容をまとめたものである。吉田の城下町は表町と裏町の二十四カ町によって構成されており、下地村は豊川を隔てた西岸、新銭町と中柴は城下町の隣接地で、正確に言えば表4には吉田以外の町村も含まれている。しかし他地域の人々が、これらの町村を吉田町域と思っても不思議ではない。

吉田では、東海道に面した十二カ町全てが何らかの施行や特別の興業をしており、その裏通りの町々の多くでも特別な行事を行っている。この印刷物の表題でもわかるように、吉田でもこのお札降り騒動をおかげ参りの延長、またはそれが拡大したものと認識している。伊勢参りの人々へお供餅*などを施行する一方で、田楽や狂言を興行するのは住民自身が楽しむためであると同時に、抜け参りをする人々を歓迎する意味もあった。

こうした印刷物は、単に吉田の町中で配布されただけではない。在方にも出回るであろうし、あらゆる交通・伝達手段を使って遠方まで拡散する性格のものである。

伊勢代参――本人に代わり参宮すること、あるいは村中とか講仲間のなかから代表者が参宮すること、さらには代参するその人をもさすこともある。遠隔地の伊勢講では、講員のなかからくじ引きなどで代参者を決め、その出発や帰省に際して多彩な民俗行事が行われた。

この騒動に乗じて抜け参りに旅立ち、吉田までたどり着けばこうした施行にあずかることができるという風潮を生み、「ええじゃないか」騒動の一層の拡大につながったのである。

◉――周辺への波及

『留記』には、慶応三年（一八六七）七月二十七日に前芝村に金比羅宮の金幣が降り、その後に牛久保村や吉田の下り町（いずれも豊橋市）にもお札が降った。牟呂村の近在でも大体残らず降って、思い思いに狂言や手踊りなどを行って大騒ぎであったと記してある。〈8〉単なる一地域の騒動ではなく、確実に面として拡大しはじめたのである。

吉田から西方へ約四里半（約一〇キロメートル）の東海道藤川宿（岡崎市）では、七月二十四日にこの年の伊勢代参*の人の家にお札が降り、町内で同月晦日まで祭礼が行われた。しかしその後一時中絶し、八月末の名古屋のお札降りに触発されて九月三日よりお札降り騒動となったという。〈40〉吉田・藤川宿間の御油宿（豊川市）では、八月四日から二十一日までに三八枚のお札が降った。東海道筋では盛んにお札降りの情報が行き交い、それに敏感に反応した。しかし一方で、即座に無条件で他地域の騒動を受け入れるのではなく、運動体になるには個別地域の事情が重要な役割を果たしていたことをも示している。

吉田から東方へ約四里半、吉田藩の飛地である東海道新居宿（静岡県新居町）で

天保通宝――天保六～明治二年（一八三五～六九）に鋳造された楕円形の貨幣。銭一〇〇文として通用。

白隠――臨済宗中興の僧。広い学識を基に民衆教化に尽力した。

は八月九日からお札が降りはじめ、同月中だけでも本陣や宿内有力者の家を中心に六四枚も降った。同宿の飯田本陣の日記には、宿内では十一日から集団による男女が伊勢神宮への抜け参りにでかけたとあり、十四日まで抜け参りに出かけた男女の名前が記されている。同宿の旅籠屋の御用留によれば、宿内では「おかげ」と称して施行をしたり宿場中を騒ぎ回ったりし、伊勢神宮・秋葉山・豊川稲荷などへ人口の三分の一に相当する一千人も参詣に出かけたとある〈37〉。

新居宿の庄屋は新居町奉行に対し、八月下旬にこうした様相を次のような内容で届けた。それは、町中の「おかげ騒ぎ」や銭を撒き散らしている様子を四方の在方の人々が見物にきており、東海道岡崎～興津宿間でも当所が最も大騒ぎで、この後も際限がなく筆紙にも尽くしがたいので取り敢えず報告する、というものである〈41〉。

この時期には、いまだ「ええじゃないか」騒動の拡散範囲はそれほど広くないから、新居宿が最大の騒動地であったという指摘は正しいかもしれない。関所や町奉行所の所在地である新居宿で、このような様相であった。しかもこの騒動の最中、同宿のある家に秋葉大権現のお札と天保通宝*が降り、同時に次のような文面の書類が投げ込まれた（図22）。

天保七年申の荒年思ひ附

白隠禅師《はくいんせんじ》凶年施行《きようねんせきよう》の歌《うた》、来《きた》る酉年《とりどし》の春謡《はるうたお》ふならは、声《こゑ》はりあけて

志《こころさし》有《あ》る希《け》な物《もの》を取《とつ》てくふ、命冥加《いのちみようが》の礼《れい》は現金《げんきん》、鼾《いびき》かく金《かね》か有《ある》なく目《め》を覚《さま》せ

日待ち——特定の日の夜に近隣の人々や仲間が集まって神仏を拝み、こもり明かすこと。転じて人々が集団で行事をすることや、そのための村人全体の休日も日待ちと言うことがあった

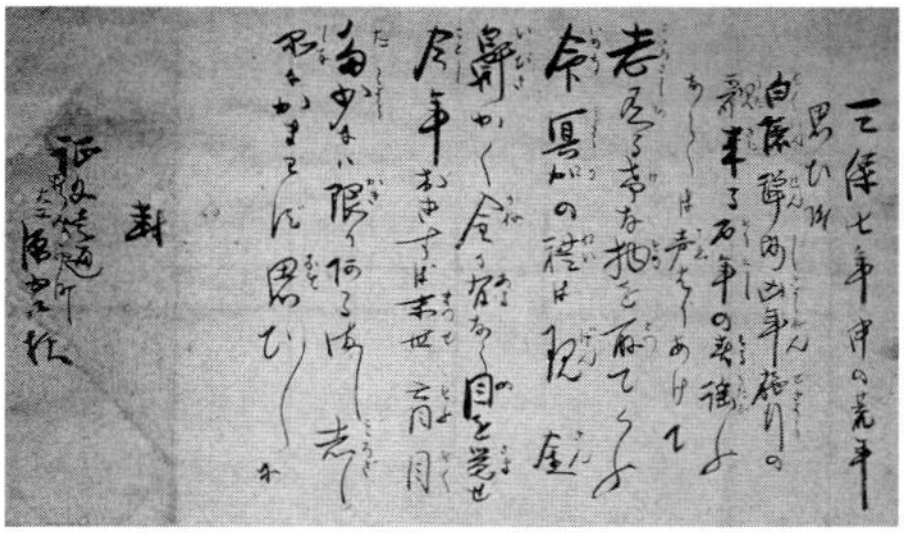

図22．新居宿で投げ込まれた書類

今年《ことし》おきすば末世盲目《まつせもふもく》、多少《たしよう》にハ限《きぎ》りあるまし志《こころざ》し、品《しな》にかまわず思《おも》ひくに

意味不明な点もあるが、天保七年（一八三六）の全国的飢饉のなかで「白隠禅師*凶年施行の歌」がうたわれたことを思い出して、その例にならって施金を強要し、騒動への参加をうながしたものである。この騒動を天保の飢饉の際に各地でおきた一揆・打ちこわしと対比させている点や、こうした書類の投げ込みによって騒動を広めようとした行動は大きな意味をもつ。この騒動は、単なる現実逃避だけではなかったのである。

新居宿の西方半里（約二キロメートル）にある松山新田村では、お札が降らない村には悪病が流行するという風評を恐れ、庄屋を中心に村中で日待ち*をしてお札の降下を待ち望んだ。ようやくお札が降った同村では、他村からの参詣者にそれを見せつけ、同時に「世の中に命は物の種ぞかし　かかる御かげを見るにつけても」という文面の紙を貼って酒を振る舞い、若者連中が衣装を揃えて近隣の社寺へ参詣に出かけた。松山新田では、新居宿のお札降りと騒乱が四方へ拡散するなかで、そこから取り残されることを心配したのである〈37〉。

浜名湖の西北岸の各村でも、八月中旬よりお札が降りはじめた。本坂通（姫街道）の気賀宿（細江町）では二十一日からお札降りが大流行したので、二十四日には無難を祈ってお宮参りを行い、二十五日には若者が裸になって無作為に家々へ踊り込む騒ぎがあった。井伊神社の神主の山本金木は二十四日の日記で、お札降りは吉田

からはじまり、当地の陣屋*へも降り、浜松近辺も酒・鐘・太鼓で浮かれていて、最近では近くの山中にもお札降りが流行しはじめたと記している[42]。

このようにお札降り騒動の発祥地とその周辺では、お札の降下→祭礼→参詣→祝宴→騒乱の一連の行動様式をみることができる。そのうち祭礼・祝宴については、ほとんどが村人の共通費用で行っていて、村役人主導による一定の自制が内在する。参詣先については、都市部では伊勢神宮への抜け参りが目立ち、在方では近隣の大社寺へ向かった例が多い。こうした一定の儀式の後に騒乱状態になり、村役人の規制がきかなくなるのが一般的であった。

●——西方への波及

「ええじゃないか」騒動の全国的な波及過程については、高木俊輔氏が総合的にまとめている[5]。以下、その成果に依拠しながら若干の資料を加え、地域別に騒動の様子を概略する。なお「ええじゃないか」騒動は面的に広がったことが特徴であり、以下で触れるのは騒動の一端であることは言うまでもない。

まず奥三河（愛知県北部）については、吉田から伝わったものか、それとも名古屋の騒動の影響かについてははっきりしないが、中馬街道*によって波及したことは間違いない。九月上旬に北設楽郡津具村で騒動があり、それを信濃国（長野県）根羽村へ村送り*したという。

陣屋——当地の領主である旗本近藤氏の役所建物。

中馬街道——信州・三州の農民が、農閑期に一人で数頭の馬を連れて内陸部間の輸送を行い、これを中馬稼ぎと言った。中馬街道とは、これらの中馬稼ぎの人々が通った街道のこと。

村送り——村から隣の村へと順々にリレー方式で送ること。村送りは、例えば領主からの通達文書の回送とか歩行困難な旅人などを目的地まで送るなど、多くの面で機能していた。

長州・土佐・薩摩藩――これらの藩は言うまでもなく倒幕派である。「ええじゃないか」騒動の参加者のなかには、素朴ではあるが、「政治意識」が潜んでいたことを示している。

にわか踊り――その場に応じた即興の踊り。

信州飯田城下では九月下旬、高遠城下では十月上旬からお札の降下がはじまった。十月下旬から騒動になった上伊那郡木下村（箕輪町）では、長州・土佐・薩摩藩*を意味する「チョットサ」のはやし言葉が使われ、お札の降下に疑念を抱く家では馬の骨などが降ったという。主要街道から離れたこの谷間の地域では、中央の政治動向に関心を示しつつも、騒動のなかにグロテスクな様相も内包していた。

これより早く八月下旬、美濃国（岐阜県）では長良川筋の武儀郡有知（美濃市）でお札の降下がはじまり、にわか踊り*を踊ったり町内の山車を勢揃いさせた。尾張国（愛知県）名古屋で「ええじゃないか」騒動に発展したお札の降下が確認できるのは、八月末のことである。九月中旬以降に一時休止し、十月に再び大騒動になった。名古屋とその周辺での騒動は極めて大規模で、それが四方へ再拡散された。

名古屋・吉田間の東海道藤川宿近辺では、前述したように九月になって騒動が本格化した。十月二十一日に同宿東町へ降った二枚の「阿吽三面大黒天御影」には、お札の現世利益を説いた上で、一枚を表装して祭神とし、残り一枚を用いて二千枚版行し、千組にして配ることを促す付紙があった。二日後に同所へ降ったお札の付紙には、付火という脅迫を背景に金銭の放出を強要している〈39〉。

藤川宿では大政奉還後にお札の降下がいったん終わったが、翌慶応四年四〜七月に再び降った。四月十四日に降ったお札には、次のような内容の文章のある紙が付してあった。それは、異国が日本を穢《けが》しているので横浜・神戸へ神兵を発すること

徳川慶勝（一八二四〜八三）——第二次長州征伐の出兵を拒否し、新政府では議定となった。

になったから有志はお供すべし、特に軍用助成として米金・幟幕や心付きの品を多少にかかわらず献上すべし、というものであった。〈43〉

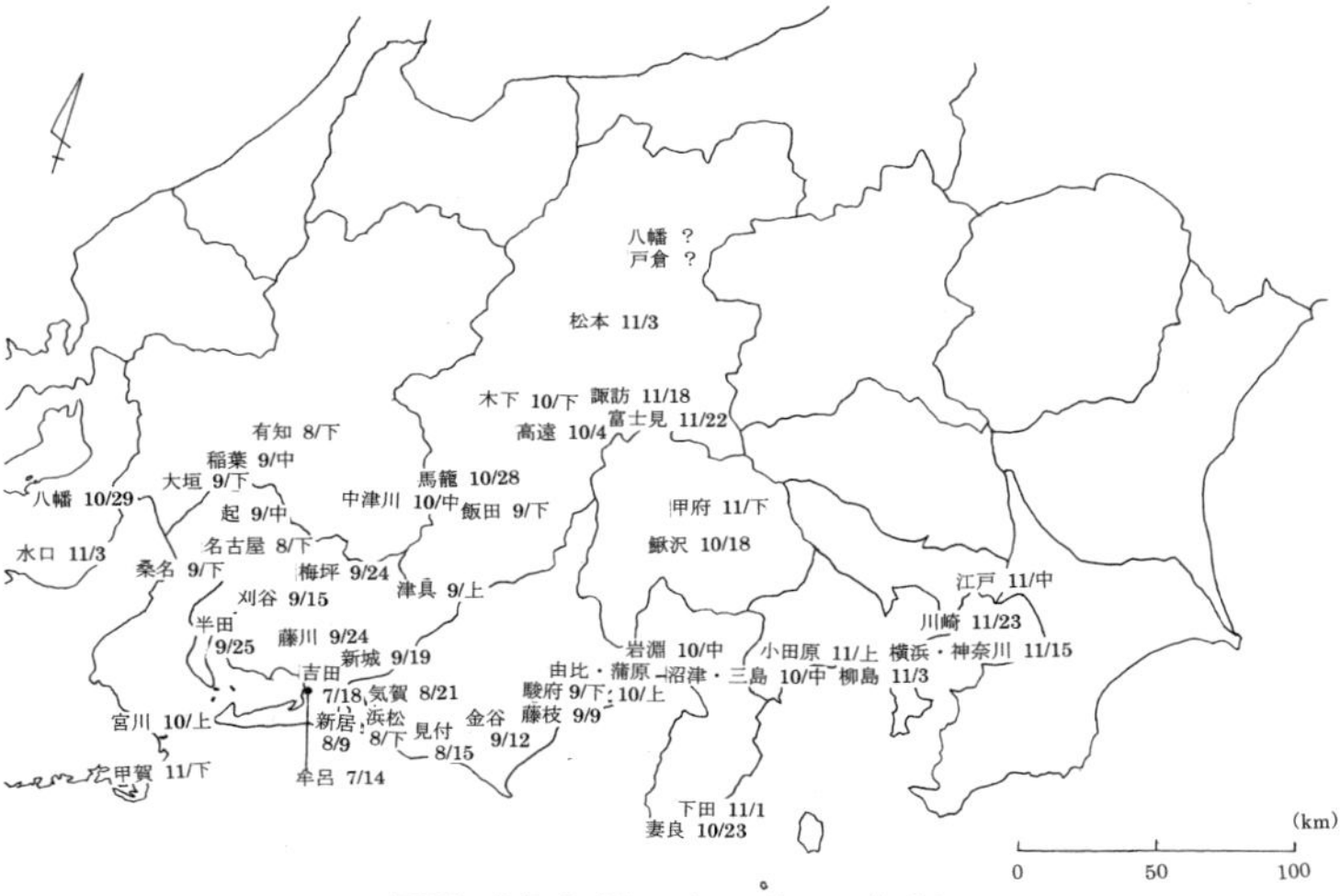

図23.「ええじゃないか」の伝播

庶民の素朴な攘夷思想を利用し、米金の施行を促したもので、挙兵は口実に過ぎない。慶応四年になってからのこの地域のお札降りの仕掛け人は、前年の「ええじゃないか」騒動におけるエネルギーを再評価し、その後の新政府への不満を背景にして政治的に動いた面が大きいようである。しかしすでに庶民は、こうした煽動に便乗することはなかった。

慶応三年の九月中旬には美濃路の起《おこし》（尾西市）・稲葉（岐阜市）宿で、下旬には大垣城下でお札が降った。十月中旬には中山道を下って大井・中津川宿でお札が降り、十一月には信州松本城下へ伝わり、この騒動の北限とみられる更級・埴科郡へ波及した。諏訪・松本地方では、この騒動を「ヤッチャロ祭り」とか「チョイトサ祭り」と呼び、「おかげじゃ」のはやし言葉が使われたという。

一方、名古屋からは東海道を経て、九月下旬には伊勢国（三重県北部）桑名・四日市宿辺りが騒動となった。さらに伊勢路を経て十月になると伊勢神宮領へ、十一月になると志摩国

赤報隊——戊辰戦争中の官軍の先鋒隊。

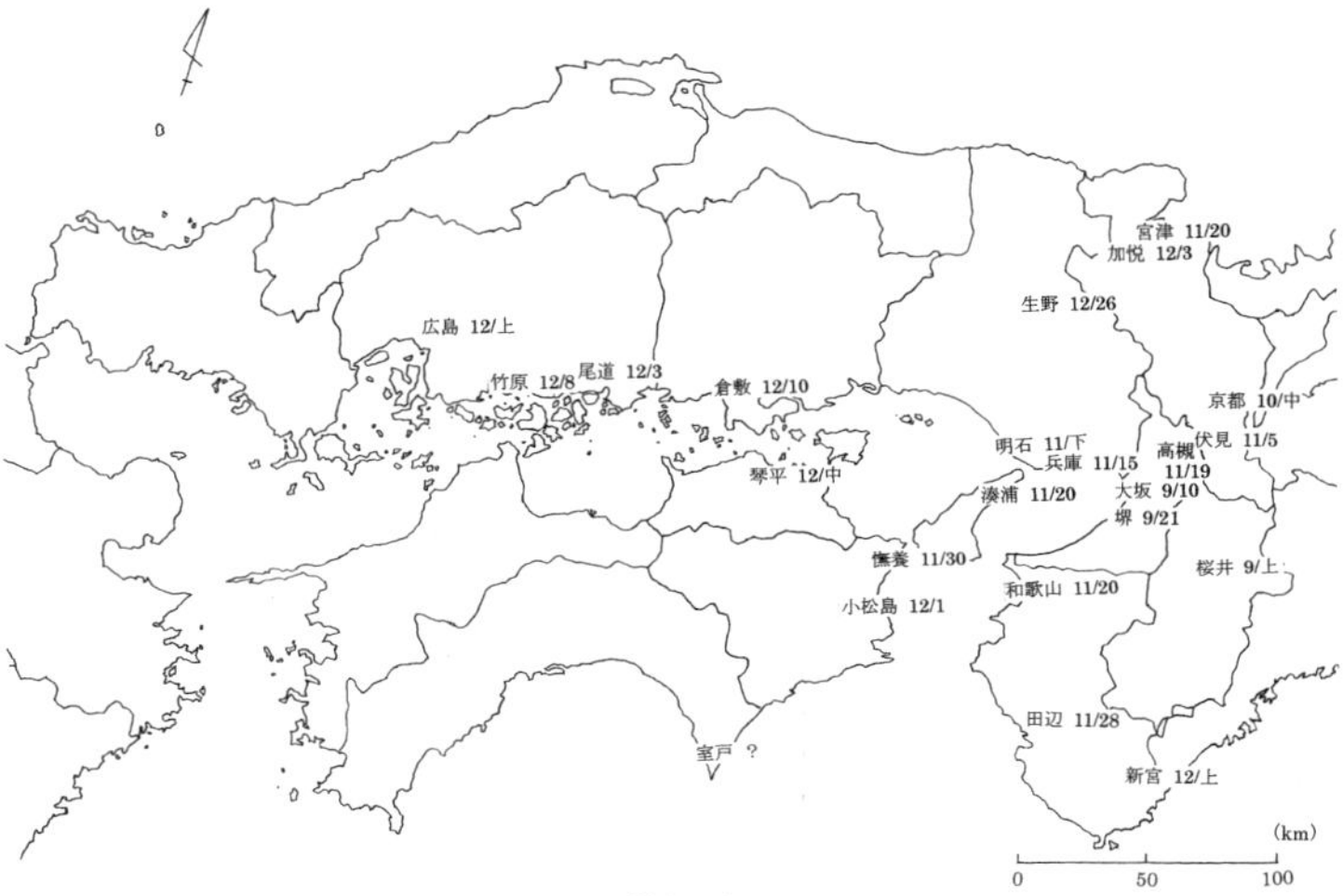

図23.（続き）

（三重県南部）へ伝わった。大和国（奈良県）桜井では九月上旬にお札が降って乱舞となり、京都では十月中旬から王政復古の直前まで騒動が続いた。

京都での騒動は、将軍から朝廷への政権返上という政変にかかわった庶民の反応である。しかしそれは尊攘派による謀略ではなく、そのピークが尾張藩主徳川慶勝*の入京直後であったことからわかるように、むしろ庶民による戦争回避の期待表明であったと考えた方がよい。

大坂のお札降り騒動は九月中旬よりはじまるが、ピークは十月下旬からで、鳥羽・伏見の戦いでほぼ終結した。その間、農民の耕作放棄や、日雇い・奉公人による労働放棄が行われ、「神仏降臨末代栞」という冊子が版行された。堺でも「御代賑」と題する一枚刷物が刊行されている。

近江国（滋賀県）における東海道・中山道筋での騒動は十一月以降であるから、大坂・京都の影響であろう。騒動が越年した水口城下では、鳥羽・伏見の戦いで町内が騒然となった状況で終息し、湖東の小八木（湖東町）では正月に赤報隊*が旗揚げする騒ぎのなかで終息している。こうした騒動の終結は、いずれも庶民による戦争回避の期待の表明とみるべきであろう。

山陰道筋の丹後国（京都府）宮津藩領内、山陽道筋の摂津・播磨国（兵庫県）では十一月下旬からお札が降った。山陽地方の備中国（岡山県）倉敷では十二月中旬より、備後国（岡山県）尾道・安芸国（広島県）竹原下市では十二月上旬、広島城下では同中旬、但馬国（兵庫県）生野銀山では十二月下旬よりお札が降った。

四国では、十一月下旬より淡路国(兵庫県)・阿波国(徳島県)でお札が降りはじめた。さらに讃岐国(香川県)へも伝播し、土佐国(高知県)でもこの騒動がおきている。

◉──東方への波及

浜名湖以東のお札の降下は、現在判明している限りでは、八月十五日の東海道見付宿（磐田市）の例が最初である。新居宿周辺や東海道の西方でも事例があったように、「ええじゃないか」騒動に関する街道筋での伝わり方は、必ずしも宿継ぎ順とは限らなかった。各種の情報が極めて重要な意味を有しながら、それを受け入れる地域の社会基盤に作用されたのである。

見付宿から西へ戻って、浜松近辺のお札降りは八月十八日からはじまるが、浜松城下では八月下旬のことであった。「ええじゃないか」騒動は、一般的にはまず町方を中心におこり、それが周辺の在方へ波及する場合が多い。しかし浜松宿とその周辺の事例では、在方から町方へ波及している。

豊年踊り──豊作を祝って農民の男女が踊る。当時は稲の収穫期で、しかも前年に比べれば格段に豊作であった。

図24. 大井川でのおかげ参りを描いた浮世絵

富士川舟運――東海道は富士川を渡船で渡る。甲斐国（山梨県）と駿河国（静岡県）を結ぶ富士川舟運は慶長十二年（一六〇七）に角倉了以によって開かれ、多くの物資が流通した。

浜松藩では八月二十九日のお札降りに対し、異様な風俗で神社へ参詣することや他領へ出かけることを禁止した。同藩では、十里（約四十キロメートル）西方の吉田藩領での騒動やそれへの対応振りを観察していたので、効果は別として、その対応が機敏であった。

遠江国（静岡県西部）の東端、東海道金谷宿でのお札の降下は九月十二日以降で、その後の約三カ月間に一四四回、都合二一三枚ものお札が降った。同宿では群衆の熱狂のなかで、近傍の峰村（掛川市）から豊年踊り*が伝わり、裸で踊りながら「コノヨナオシニ」のはやし言葉を使ったという[5]。長期にわたる金谷宿の騒動は、大井川徒渉や宿場の機能にも影響を与えたであろう。

駿河国（静岡県中東部）でのお札の降下は、九月十日前後からはじまった。すなわち藤枝宿では九月九日に降りはじめ、駿府（静岡市）では九月下旬から十月上旬に最高潮に達している。駿府では、七日間という長期間の祭礼を行った。騒動中には世直し踊り的な様相を呈し、駿府・富士の浅間神社のお札も多く降って「六根清浄」と唱えながら浅間神社へ参詣したという[44]。

富士川舟運*の起点である庵原郡岩淵村（富士川町）では十月中旬にお札が降り、大勢が裸で大宮浅間神社へ参詣した。浅間神社には参詣を誘致したという逸話があり、このときの同社への奉納金が翌年の駿州赤報隊の軍資金に流用されている[45]。このことからこの地域のお札降りには、浅間神社側の作為も感じら

大小切税法――甲斐国（山梨県）山梨・八代・巨摩郡では、大切・小切という年貢安石代が適用され、年貢実質額が低かった。

れないわけではない。

「ええじゃないか」騒動は、富士川の舟運路に沿って甲斐国（山梨県）へも北上した。甲州巨摩郡鰍沢《かじかざわ》では、十月十八～九日ごろよりお札が降りはじめた。十一月中旬より降りはじめた甲府では、お札とともに男児・娘・馬骨・生首・腕・糞などが降り、武田信玄の墓所へ詣でて大小切税法*の存続を嘆願したという。〈46〉信州（長野県）伊那谷と同様にグロテスクな様相であるが、これはあくまでも風聞である。ただしこの騒動中に、他地域にはほとんど事例のない大小切税法という年貢問題にも関心を示していることは注目してよい。

富士川より東方の東海道筋の模様については、相模国（神奈川県）津久井の山崎茂三郎なる人物が、旅の途中で見聞したことを詳しく書状にしたためている。〈47〉次に、その主要部分だけを紹介しよう。

十月上旬より東海道由井・蒲原・吉原宿とその周辺で奇異な現象があり、中旬には沼津・三島宿周辺へも伝わった。吉原の在方では木版の各種のお札が家々に放置され、それらの家々では門口に青竹を立てて注連《しめ》紙を付け、近所の人々に大盤振舞いをした。平垣村（富士市）の二千石を有する大資産家には黄金の大黒天が投げ込まれ、その家では一千両の施行を心願して参詣・旅人へ毎日五〇両の施行をした。そのころ毎夜、富士山八合目で焚き火や灯明を点すのが見えたという。

沼津宿では七割の人が伊勢参宮に出かけ、道中筋ではさまざまな施行があった。

横浜物——横浜開港にともなう外国からの渡来品。

三島大社——静岡県三島市に鎮座する伊豆国の一宮。源頼朝が信仰したことで有名であるが、東海道に面しているために江戸時代には庶民の参詣も増えた。

飯盛女——宿場の旅籠屋で、旅人等への売春を抱え主から強要されていた女性の奉公人。

神社への参詣には横浜物*の着用が禁ぜられ、吉原宿では男女・子供一千八百人が白装束に白木綿の鉢巻きをして三島大社*の木札を背負い、「六根清浄」と唱えながら出発したという。沼津宿の飯盛女*七〜八〇人は髪を切って男装し、三島大社辺りへ出かけたという。

沼津宿で住民の七割が参宮に出かけたというのは信じられないが、山崎茂三郎にはそう見えたのであろう。飯盛女が髪を切るということは、後に雇用主から厳しいせっかんを受けるであろうが、今後に継続する巧妙な職場放棄である。

この騒動中、生活に困っている人の家へは夜中に米銭が投げ込まれる一方、米穀を買い占めた商家では米俵が紛失したり土蔵が火事になったという。書状の筆者である山崎茂三郎は、この騒動について、次のように評価している。すなわちここ二〜三年来は非常に人々の気性が悪かったが、お札降りに際して善心になって施行などに心がけたので、家を留守にしても盗人もおらず、やがて米価も下がってきた、と好意的にみている。米価が下がったのは、前年までの凶作続きが一変し、この年の作柄がまずまずであったからである。

伊豆国（静岡県東部）三島宿では、十月十八日からお札が降りはじめ、下田では十一月一日に降った。伊豆半島南端の賀茂郡妻良《めら》村（南伊豆町）では十月二十三日にお札三六枚が降って日待ちを行い、神事の後には施酒・施金をともなう乱舞に発展した。同村の記録には「当国最初に御降り玉ふ」とあるが、三島辺りを除けば確かに伊豆国で最初のお札の降下であった。このことは、この騒動が単に陸路を通じて伝わるだけでなく、海路を媒介にするものでもあったことを示している[48]。

この時期には、江戸や大坂などで「ええじゃないか」騒動を扱った各種の錦絵*や瓦版*が出回っていた。この騒動に関する印刷物が大量に売買されることにより、その情報は急速に、また広範に伝わったのである。

相模国（神奈川県）箱根宿では日時が不明であるが、本陣前の土中から黄金の仏像が出現したので、そのことを韮山代官所*へ報告している。小田原でのお札の降下は十一月初旬で、相模川河口の柳島*へは十一月三日に降った。柳島（茅ヶ崎市）の廻船*問屋の日記によれば、拾ったお札をまつり、十一日のお札の降下のおりには僧侶を呼んで読経し、十四日にはそれまでに降ったお札を一緒にまつって村中へ施酒・施米をし、十七日に村人六十名余で伊勢参宮に出かけたという。

藤沢宿には、この騒動を「神仏御影降臨之景況」として描いた絵巻物が残っている。その詞書の前半でお札降りの経過から参詣・乱舞、後半で幕府・外国人を追放して富者への踊り込みによる施行の強要を表現している。ここには庶民が討幕・排外意識を有し、この騒動を通じてそれを実現しようとした政治的野望をみてとることができる。

十一月十五日には、武蔵国横浜の見張番所*や神奈川宿（横浜市）でもお札が降った。番所の詰所からは、神奈川宿で酒・米・餅・蜜柑などの施行があって「一同狂

錦絵——多色刷の浮世絵版画。

瓦版——木版の一枚刷りのニュース性を帯びた印刷物。本来は木版ではなく、粘度を焼いて原版としたので瓦版と言った。

韮山代官所——伊豆国(静岡県)韮山にあり、伊豆・相模国の幕府領を支配した。江川太郎左衛門が代官を世襲。

柳島——相模川舟運と海運を結ぶ水上交通の要地。

廻船——海上を行き来する輸送船。川舟と違って船底が深く、大きいものでは米千石を積むことができた。

見張番所——横浜の開港にともない、駐留する外国人を保護するために幕府が番所を設けた。

江戸――当時の総人口は百万人を越える世界最大の都市。慶応四年七月十七日に東京と改称。

豊岡藩――三万五千石の外様大名、京極高厚が藩主。

気之体」と報告している。川崎宿では、二十三日に旅籠屋でお札が降り、江戸*（東京都）でもそのころから騒動がはじまった。

江戸でのお札の降下にともなう騒動は、その後も毎日続き、十二月上旬の禁止令にもかかわらず止まなかった。しかし十二月中旬に浪士の取締りが強化されると、急速に鎮まった。この「ええじゃないか」騒動は、権力の暴力的対処に暴力によって抵抗するといった性格をもっていなかったのである。

従来「ええじゃないか」騒動の東端は江戸と考えられていた。しかし近年、西垣晴次氏により、上野国（群馬県）大間々でも十一月中旬から約一か月間、お札が降り群集したことが紹介された[49]。ただし大間々のそれが騒動に発展したか否かは定かでない。

図25．豊饒御蔭参之図（部分）

●――騒動の終焉

東海道筋での「ええじゃないか」騒動は、ほぼ慶応三年（一八六七）の内に終わった。翌慶応四年にもお札が降ったところはあるが、お札降りだけで騒動にはならなかった。この地域は情報・交通網が発達していて、政治変革に対する期待感が生じ、同時に各地の騒動の鎮静化の様子も伝わっていた。

慶応四年まで騒動が続いたのは、お札降りの発生が遅れた西国地方であった。但馬国（兵庫県）城崎郡豊岡では二月十日にお札が降り、十二日から乱舞がはじまった。豊岡藩*ではこれを制止しようとしたものの止まなかったので、十五日から三日間の踊りを公認し、さらに止まなかったので続いて三日間公認した。それでもお札の降下は止まず、三月一日に奉行所同心が町々の名主宅へ出かけて踊りを厳禁し、ようやく鎮まった。

　但馬国養父郡八鹿では二月十七日のお祓の降下をきっかけに人々が踊りだし、山陰道鎮撫総督*の行列の仮装をしたところもある。同郡新津村（養父町）では二月二十五日から四月六日まで銭や藩札*が降り、そのたびに乱舞が行われた。気多郡殿村（城崎郡日高町）では慶応四年三月ごろにお札が降り、やはり鎮撫総督一行の仮装をした。同国二方郡井土村（美方郡温泉町）では三月十二日にお札が降り、翌日から三日三晩踊って、十六日朝に終わっている[25]。

　播磨国（兵庫県）宍粟郡千種では三月六日から乱舞がはじまり、十二日には藩から踊りは日中だけと命ぜられたものの、十五日まで夜も踊り続け、途中で鎮撫総督のまねをしたこともあって、後に関係者が処罰された。同郡高下村では四月九日にお祓が降り、続いて祭りを行っている。丹後国与謝郡加悦谷岩屋村（京都府加悦町）などでは三月七日まで、中郡橋木・丹波村（峰山町）では四月八日まで「ええじゃないか」騒動が続いた[23]。

　これ以外の地域でも、慶応四年三月以降にお札が降って騒動となったところがある。阿波国（徳島県）勝浦郡小松島では三月一日から九日にかけて六枚のお札が降

鎮撫総督——新政府は全国を平定するため、慶応四年一月に山陰道・東海道・東山道・北陸道・九州に各鎮撫総督を置いた。

藩札——江戸時代の全国通用貨幣は金・銀・銭の三貨であるが、藩内だけで通用する藩札が発行された地域も多い。

改元――慶応四年から明治元年への改元は九月八日。

り、大坂の鍛治屋町の商家には四月二十日まで降り続いている。〈5〉東海道藤川宿（岡崎市）では大政奉還後にお札の降下が一旦終わったが、翌年四月十四日に再びお札が降って施行を強要する付紙が投げ込まれたことは前述した。

ただしこれらの事例は、過去に行われたさまざまな「ええじゃないか」騒動の再現を画策したもので、多くの人々に支持されたものではない。騒動の終焉は、やはり現在の京都府北部から兵庫県あたりで、それは慶応四年三月から四月であったとみてよい。

この騒動の最中に日本の政権は一変した。特に鎮撫総督の通行を目の当たりにして、多くの人々は新政権に期待をしたに違いない。しかし現実は厳しかった。東海道新居宿には、改元*後の明治元年（一八六八）十月に何者かによって次のような文面の張札がしてあった。

荒井の駅なる市ひと国益の　うれいもさりていと嬉しきといふゐとまもなく
またもおとしあなにいりなんとするかなしミを　遠く聞拙き安をはへりて
　月寒くしはし雲井にさえけりと　ひけ撫る間に峯かくれして
　　　　　　　　　　　　　　　隣国漁のをの子　しるす

政変を謳歌することを戒めて、やがて再び到来するであろう支配権力に対応しておくべきであると警告した怪文書である。〈37〉祭りの後は、いつの場合でも何か物寂しいものである。

五　「ええじゃないか」騒動の意義

◉――その仕掛け人

一般的に「ええじゃないか」騒動は、まず他所の情報が伝わり、次いで集落内でお札が降下し、それをきっかけにはじまる。お札の種類は、伊勢神宮関係のものが圧倒的に多いが、そのほかにも地域的な特色のあるさまざまな社寺*のお札も多く混じっていた。特に名古屋以東、なかでも天竜川水系の村々では、秋葉山のお札が多く降っている。それは秋葉信仰圏との関係である。

もちろんお札は自然現象で降るわけがなく、何者かのしわざ*である。藤谷俊雄氏は、それを倒幕派による政治的な作為であると明言した。〈3〉政治的作為説については、以前から多くの人々によって指摘され、また後に当時のことを述懐した政治家*もいる。

「ええじゃないか」の喧噪を利用し、そのなかで庶民の意識とは別なところで政権交代が行われたという指摘は、一定の説得力がある。たしかに京都やその周辺に限ってみれば、その形跡をまったく否定することはできない。しかしお札の降下について地域ごとに日時を追ってみれば、必ずしも当時の政治日程で騒動が展開したわけではない。逆に新たな政治権力が介入したことにより、騒動そのものが鎮まった例

さまざまな社寺――全国的に有名な社寺のお札とともに、ローカルな氏神のお札も混在している例が多い。広範囲な騒動であると同時に、一定の土着性も有していたことを示している。

何者かのしわざ――お札を降らせた人物を特定することには一定の意義があるが、それだけでこの騒動の意味を論ずるのは片手落ちであろう。

述懐した政治家――例えば、旧幕臣の福地源一郎は『懐往事談』のなかで「このお札降りは京都方の人々が人心を騒擾せしむるために施した」と記している。

国学――江戸時代中期以降に活発になった復古主義的学問。幕末・維新期の思想的支柱として、幕府否定の理論を展開した。

小前――小前百姓ともいう。中小規模の百姓のこと。

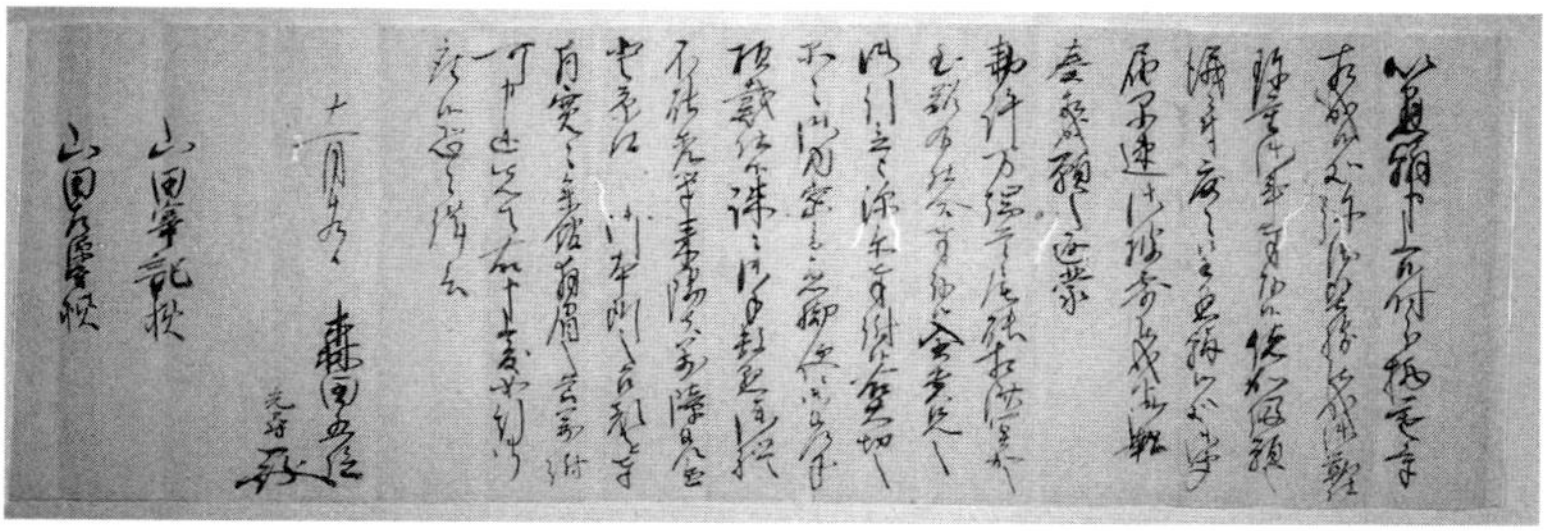

図26．森田光尋の書簡

の方が多い。

お札の種類として伊勢神宮関係のものが多いので、神宮の御師《おんし》や各地の神主、あるいは*国学者が関与したという説もある。駿府・名古屋では、神社のお札を大量に持っていたために寺僧が検挙された例もある。神主にとっては、この騒動を通じて自らの宗教活動を有利にはこぶことができる可能性があり、僧侶にとってはこうした乱舞をともなう騒動を神社側の責任であると印象づけることができる。駿河国（静岡県）でのいくつかの事例は、浅間神社の神主の関わりを否定できない。

しかし「ええじゃないか」騒動の発端となった牟呂村の神主である森田光尋による『留記』や、彼が当時京都の上級神主へ出した手紙の控（図26）からは、彼の関与が浮上してこない。牟呂村の隣村の羽田村の神主である羽田野敬雄の場合には、騒動になった時点で、この事件に関し無視を決め込んでいる。この時期の神主をはじめとする宗教人は、相互に一定のネットワークをもっており、もし彼らが主体となった作為だとすれば、もっと同時多発的であったはずである。

各地の*小前・下層民は、嘉永七年（一八五四）とその翌年の大地震におののき、安政五年（一八五八）の開港による感覚的な外患危機を抱いていた。文久年間（一八六一～四）以降の慢性的な飢饉や諸物価の値上がりと並行して深化した政治的・社会的危機感は、庶民にも充分浸透していた。

その上で、急速にあらわになった幕藩権力の低下と、前年とはうって変わった慶応三年（一八六七）初夏になっての豊作のきざしは新しく発生した事態であった。従来の一揆・打ちこわしとは別の手段による「世均《よなら》し」運動に、改めて方針を変更する可能性があった。

世均し——富の平均化を行うこと。世直しは世均しでもある。

「ええじゃないか」騒動が目指したものは多様であるが、一貫して共通したものは、日常性からの逃避＝労働放棄と、富者に対する施金・施米の要求であった。この要求によって得た恩恵に預かることのできるのは、日常的に拘束された人々や、おとなのような経済至上主義をもたない若者層であり、小前・下層民であった。

特に前年までの凶作と諸物価の極端な値上がりに苦しんだ人々は、この騒動を歓迎した。こうした人々、あるいはその仲間は、あんがいに世の中をみる知恵を有し、またしたたかでもあったことを考えに入れておくべきである。

◉——着実な騒動の展開

江戸時代の情報手段は多様であり、全国各地の投機的商人はそれを敏速かつ正確に駆使していた。東西をゆきかった旅人の言動や各種の出版物なども、「ええじゃないか」騒動に関する情報の広まりに大きく作用した。

こうした状況を考えた場合、お札の降下や「ええじゃないか」騒動の展開は、けっして同時多発であったとは言いがたい。むしろこうした情報を入手しながら、それぞれが抱える諸問題を踏まえ、街道筋の都市部を中核とする遠心運動が、東西へ着実に伝わったとみた方がよい。

例えば、三河国藤川宿では、最初のお札の降下では大きな騒ぎにはならず、一カ月後の降下で騒乱状態になっている。遠江国新居宿での最初の降下は八月九日であるが、伊勢神宮への参詣や「おかげ」騒動は八月十一日以降である。十月三日にお札を発見した相模国柳島村の廻船問屋も、十五日になってようやく施行をはじめている。すなわちお札の降下は、降った家が自ら人々に披露するか、あるいは他者（仕掛け人）によってそれを発見されることにより、はじめてそれが「ええじゃないか」騒動に展開するのである。

お札降りの仕掛け人は、お札降りを騒動にまで展開させる必要があった。そのためには、この事態を過去におきた飢饉や騒動と対比させて危機感をあおり、騒動の拡大に暗躍した人々がいたことも事実であろう。

近隣の町村でお札が降ったり、「ええじゃないか」騒動がおきると、村内の総意でお札の降下を期待する風習も発生した。それも騒動の拡大に暗躍した人々のしわざであろう。

お札の降下にあずかった後の「おかげ」や「ええじゃないか」騒動への展開の仕方は、その時期や地域の事情によって多様である。しかし各地で共通的にみられる現象としては、お札降りの神事とあわせて祭礼・祝宴を行い、やがて抜け参りによる社寺への参詣や乱舞・騒動という経過をたどる。その過程では、施金・施米など

ハレとケ――ふだんの生活がケであり、それとは異なる状態をハレという。ケの状態が衰えるとケガレの状況になるので、ケの状態を復活させるためにハレの時間を設定する。

については村落の人々全員への一律分と、一部の富める者への過重分があり、騒動が冬季に近づくとみかんなども施物として重宝された。参詣先の社寺については、伊勢神宮が多いが、地域を代表する大社寺や村の氏神の場合もあった。

「ええじゃないか」騒動は、江戸時代後期の諸現象を集約した形で表現された小前・貧窮・雇用労働者の一時的な解放であった。しかもこの騒動を通じ、一部にエロ・グロ的なものがないわけではないが、全体的にみれば騒動の大きさに比べて暴力・窃盗事件という現象が少ない。

すなわち単なる宗教的熱狂ではなく、共同体による一定の規律にも作用された騒動であったとみることができる。それは、この時代の人々が一生を通じて体現していた日常的秩序維持と、それとは裏腹なハレの空間、要するにハレとケ*のくりかえしのなかで会得した諸事象を、「ええじゃないか」騒動でみごとに表現したものであると言えよう。

◉――世直しと「ええじゃないか」

「ええじゃないか」騒動は、従来の村方騒動や百姓一揆・打ちこわし、あるいは前年の慶応二年（一八六六）に最高揚期に達した世直し一揆とは、その手段や思考の上でいくつかの相違がみられる。これをどのように考えるかで、この騒動の歴史的評価が二分されることになる。

無礼講――貴賤・上下の差別なく、礼儀を捨てて催す酒宴のこと。

図27．鯰絵（地震で儲けた人々を描き世直しを表現している）

すなわち従来の百姓一揆などは、一部に特殊な例もみられるが、だいたい次のような共通点がある。それは、①村内での経済的上下分解による共同体内での対立化から、②権力からみれば「非合法」である手段により、③一面において伝統的権威に反旗をひるがえさざるを得ず、④そのために闘争中には深刻さが顕著でありながらも、⑤町方・村方の共闘体勢が貧弱であった、という面を有していた。その最大目的は、⑥年貢減免や日常生活の改善であり、⑦しかも世直し一揆の段階になると、ある程度の政治変革をめざそうという意識も芽生えていた。

それに対して「ええじゃないか」騒動は、①慣習的な共同体意識を一定の意図をもって復活させたり、不可侵的な要素を内包するお札を降らせることを通じ、②慣習的な祭礼などの様式に似せることによって「非合法」性を隠し、③小前・貧窮層や若者らが施米・施酒を富める者に強要しながら上層民を巻き込むことにより、④祝宴・乱舞などによる無礼講*意識などを介してハレ状態をつくり、⑤地域社会の町方から在方へと展開した。ただしこの騒動では、⑥日常生活の改善や年貢減免などの基本的要求がほとんどみられず、⑦社会体制の矛盾を直接的に追及するわけでもなかった。

こうしたことから、「ええじゃないか」騒動については、長い間、幕末期にうまれつつあった革命のエネルギーをマヒさせたという評価と[1]、これを通じて幕藩権力側をマヒさせた[2]、という評価に二分されてきた。そうしたなかで、ここ二〜三十年、幕末・維新期の研究は飛躍的に進み、「ええじゃないか」騒動がおきた事情も論議され、自治体史でも各地に残る騒動の資料が多数紹介されるようになった。

確かに「ええじゃないか」騒動や、その前史とも言えるおかげ参りには、長期的展望をもった基本的生産関係に関する要求がほとんどみられない。その求めるものは、一時的な労働忌避や富める者に対する施金・施米にとどまっている例が多いが、これも庶民が世の中に示した表現のひとつである。強要された施金などによって、富める者が貧しい者へ富の再配分を行うことは、それが結果としてわずかなことであっても、富の平均化に向かうことを意味する。

おかげ参りや「ええじゃないか」騒動は、権力・富者に対する要求手段が、一揆・打ちこわしとは本質的に異なるものであった。そしてここで断言できるもうひとつのことは、「ええじゃないか」騒動は、庶民の側が行った江戸時代の幕引であったということである。

◉引用文献・資料（引用順）

〈1〉遠山茂樹『明治維新』（昭和二十六年、岩波書店）
〈2〉井上清『日本現代史Ⅰ・明治維新』（昭和二十六年、東京大学出版会）
〈3〉藤谷俊雄『「おかげまいり」と「ええじゃないか」』（昭和四十三年、岩波書店）
〈4〉西垣晴次『ええじゃないか』（昭和四十八年、新人物往来社）
〈5〉高木俊輔『ええじゃないか』（昭和五十四年、教育社歴史新書）
〈6〉田村貞雄『ええじゃないか始まる』（昭和六十二年、青木書店）
〈7〉伊藤忠士『「ええじゃないか」と近世社会』（平成七年、校倉書房）
〈8〉「留記」（豊橋市美術博物館蔵）
〈9〉渡辺和敏「慶応三年『御札降り騒動』発祥地の動向」（『法制と文化』所収、平成十一年、愛知大学文学会）。
〈10〉土屋喬雄「維新史上のナンセンス」（『中央公論』昭和六年十二月号）
〈11〉『牟呂史』（平成八年、牟呂史編纂委員会等）
〈12〉新城常三『庶民の旅の歴史』（昭和四十六年、ＮＨＫブックス）
〈13〉『新訂増補国史体系』第四十巻（昭和五年、吉川弘文館）
〈14〉『神奈川県史』資料編９（昭和四十九年）
〈15〉渡辺和敏「東海道筋におけるおかげ参り」（『近世交通の史的研究』所収、平成十年、文献出版）
〈16〉『玉勝間』（昭和九年、岩波書店）
〈17〉新城常三『新稿社寺参詣の社会経済史的研究』（昭和五十七年、塙書房）
〈18〉『浜松市史』史料編二（昭和三十二年）
〈19〉佐藤又八編著『三州吉田船町史稿』（昭和四十六年、自家版）
〈20〉『新居町史』五巻（昭和五十八年）

〈21〉『神宮参拝記大成』（昭和十二年、大神宮叢書）所収「明和続後神異記」

〈22〉『寒河江市史編さん叢書』第二三集（昭和五十二年）

〈23〉阿部真琴「『ええじゃないか』の民衆運動」（『近世社会の成立と崩壊』所収、昭和五十一年、吉川弘文館）

〈24〉相蘇一弘「おかげまいり―絵馬・燈籠などの遺物を中心に―」（『歴史手帖』一二の七、昭和五十九年）

〈25〉兵庫県立歴史博物館特別展図録38『世の中変わればええじゃないか』（平成九年、同館）

〈26〉『島田市史資料』第四巻（昭和四十一年）所収「地方御用場日誌」

〈27〉『磐田市史』資料編5（平成八年）

〈28〉「二川宿本陣宿帳」（豊橋市二川本陣資料館蔵）

〈29〉『袋井市史資料』第五巻（昭和五十二年）

〈30〉『岡崎市史』八巻（昭和四十七年）所収「参河聡視録」

〈31〉『豊橋市史』二巻（昭和五十年）所収「龍拈寺留記」

〈32〉西垣晴次『神々と民衆運動』（昭和五十二年、毎日新聞社）

〈33〉矢野芳子「『おかげ参り』と『ええじゃないか』」（『一揆4　生活・文化・思想』所収、昭和五十六年、東京大学出版会）

〈34〉『幕末三河国神主記録』（平成六年、清文堂出版）

〈35〉「牟呂村若者掟書」（牧野秀敏氏蔵）

〈36〉『古文書にみる江戸時代の二川宿』（平成十一年、豊橋市教育委員会）

〈37〉渡辺和敏『近世交通制度の研究』（平成三年、吉川弘文館）

〈38〉青木虹二『百姓一揆総合年表』（昭和四十六年、三一書房）

〈39〉橘敏夫「慶応三年東海道吉田宿助郷騒動の再検討」（『愛知県史研究』八号、平成十六年）

〈40〉藤井寿一「三河額田郡の『お札降り』」（『地方史研究』一八〇号、昭和五十七年）

〈41〉『新居町史』八巻（昭和六十一年）

〈42〉『引佐町史料編・山本金木日記』（昭和五十六年）
〈43〉『新編岡崎市史』史料近世下8（昭和六十年）
〈44〉三浦俊明「東海道の『ええじゃないか』」（『近世社会の成立と崩壊』所収、昭和五十一年、吉川弘文館）
〈45〉若林淳之『静岡県の歴史』近世編（昭和五十八年、静岡新聞社）
〈46〉中川武秀「『ええじゃないか』騒動の位相」（『甲斐路』二六号、昭和五十年）
〈47〉『神奈川県史』資料編10（昭和五十三年）
〈48〉渡辺和敏「『ええじゃないか』における情報の伝播と民衆の対応」（『日本史研究』三〇六号、昭和六十三年）
〈49〉西垣晴次「書評・渡辺和敏著『ええじゃないか』」（『交通史研究』五一号、平成十四年）

図版については、表紙と1・7・13・19・20・25・26は豊橋市美術博物館蔵、9・12・16は二川本陣資料館蔵、10・22は新居関所史料館蔵を利用した。

【資料】　豊橋市美術博物館蔵　森田家寄託文書『留記』

（翻刻にあたっては、その原則を一般的な資料集にならったが、原典で二行割になっている部分については［　］で囲み一行にした。なお、森田家寄託文書中には「ええじゃないか」関連文書としてこの『留記』のほかに、本書収載の図20・26がある。）

「（表紙）明和四年亥四月
　御鍬社　　　　　　光成代
文政十三年寅八月
大神宮御祓納　おがけ（ママ）　光義代
慶応三年卯七月
大神宮御祓納
御鍬御祓納　　　　　　留記」

明和四年亥四月、志摩国伊雑宮之御祓諸国江勧請［尤一万度之御祓箱也］大流行、当牟呂も右之御祓箱［長官・伝太夫］両家之御祓を受ケニ参宮、曾祖父淡路光成、中間惣代兼而東脇市右衛門を召連、市場より船ニ乗［柑子・草間近郷同船］両家江着、御祓受ケ帰ル、市場沖汐干潟故船着かず、依之小船ニ而市場江着、村中三組出迎のぼりを立大群集也、其節之ウタ、オクハサマガゴザッタァ　三百年ハ大ホウ年　壱束三把で五斗八升　スッテモツイテ　五斗八升　ホウ年〳〵大ホウ年」とウタヒはやして御本社江着、仮《カリ》輿を拵へ三組中之人家江神幸、翌日御本社之中ニ右之御祓入、東北之隅より北ニよつて遷座なし奉る、其節木鍬弐丁拵へ、田打・田植のまねをして右之哥をうたひはやして神陣なし奉るとぞ申伝ふる、

文政十三年寅六月、大旱打続折々祈雨有之、当年は稀成勢州おかけ詣とかいひて、諸国より参宮

群集ス、諸国江両宮御祓降臨不思議之神異有之、当牟呂中組真福寺之地内ニ御祓降臨まします、坂津・外神両村之もの、真福寺之住寺（持）ニ右之御祓を村方江被下と頼めども、地内ニ降臨ましませハ当寺ニ納むべしとて許さす故、力なくて帰ル、折しも何日祈雨ニ而御本社江ハ坂津・外神・市場東三ケ村之若者とも参籠、天王社江中村・両公文・大西・大海津同断、何卒御祓ふらせ給へと諸共にこひ祈申す、又雨も其夜弥ふりにふる、翌朝天王社江参籠のもの正面ニ出て見るに、杉之木の間に御祓たてさまになりて降臨ましませり、あはやと言て其よし人々ニ申し、当家江皆々いそぎ申来ル、不思議之事ニは大雨なりしに御祓露もぬれ給はす、内宮之御本宮之御祓也、先拝殿ニ遷に納め、役人江右之趣申遣し、村中一同触出し、村々夫々ニ赤手巾、又ハ白手巾・赤頭巾抔一手ニ打そろへ、晩八ツ時分、当本社江御引うつりなり、右之御祓を杉葉宮形ニ作り、中ニハ御札箱也、それに入て禰宜源三郎前ニ立、村々一同御供、道中おかげおどり大群集也、父讃岐光義ハ本社ニ控居ル、おのれハ六才之節也、二夜三日参詣大群集、酒宮中ニ而六樽村中ニ而買、市場若者よりも弐樽、夫々之村方ニ而も買、都合三ケ日之間拾八樽也とそ、外村々壱枚位当ニ御祓降臨有之よし、此近郷ニ而御祓降臨無之村ハ小浜村・忠興村之二ケ村計也とぞ、牟呂村は七枚計も降臨有之よし也、

九月、高良大明神之杉［十本杉といひて小き杉十本立］江御下り有之、是外宮御本宮之御祓也、当宮ニ一所ニ納ム、是村方之終り降臨なりとおほえ侍り、小宮〳〵ニ而十樽、〆弐十八樽也とそ、

光尋筆記ス、

慶応三年卯七月十四日七ツ時分、大西村多治郎屋敷東竹垣際、笹之うらに外宮之御祓降臨之よし、大西村より申来ル、十七日晩天王社拝殿ニ納め奉る、神酒弐樽大西村ニ而求、若者其夜ハ宮ごもり也、此初穂として金百疋受納致ス、おのれ・忰と両人行き執行致ス、翌朝又々拝礼として神酒献し拝ス、三日正月也、尤大西計也、

同月十五日晩、中村普仙寺之寺内、秋葉之石灯籠之垣ノスミ竹ニ内宮之御本宮之御祓降臨之由、中村より申来ル、尤文政度外宮御祓弐枚重ニ而村方江御下り、其節社宮神社内ニ納め候よし、父

光義執行也、同十七日七ツ時、以前之御祓箱ニ納め執行致ス、神酒弐樽開ク、
同十五日晩、天王社行者之東雑木之枝之上、伊雑皇太神宮之御小祓降臨之由、大西村より為知来
ル、是ハ当家支配之地内ニよって、三組庄や江手紙を以右之由申遣、惣代江も申触ル、早速惣代
打寄、相談決定、酒六樽御本社ニ而開クよし究ル、右宮江ノボリヲ立、二夜三日正月厳しく触ル、
文政之度御かげ之節之振合を以、万事取計也、十八日七ツ時、天王社より右之御祓を杉［御札箱
之形ニ作］葉箱ニ入、竹ニ附、大西村惣代持［源三郎妻死去、栄吉服中故也］本社江御引移り、
供奉として同村は申ニ不及、中村・公文・市場引続き、手巾・三尺等迄村々夫々ニ打揃江、おど
りたはれて三百年は大豊年之古哥をうたひ、大群集ニ而供奉、夫々之手おどり見事也、中村色々
之もちなげ、市場ハまんちう抔道すがらなげ、誠ニ身を忘れ手おどり見事也、当宮之拝殿之西之
間ニ高机を立、仮ニ勧請、神酒・洗米・燈明を献し、朝夕神務致ス、
十九日晩、大西之小供、一同ニ手巾・褌抔打揃、手おどり見事也、
廿日、神酒弐樽開ク、都合八樽也、
一金弐分　御燈明料［二夜三日之油料也］
一金弐分　神供料
壱ケ日壱升ツヽ之宛、神酒三升別ニ樽ニ入、納之日又壱升御鍬社江神献、
御備御本社江三せん、御鍬社江納之日三膳、但壱升宛、
御鍬社之御備、三組江相談、中牟呂村少々若者故障有之、村中ニ而取揚、御備当家江戻ル、廿四
日同日為持遣ス、惣代江、
今度御鍬祭といひて近郷御祭を致ス、此村も十六日過なハ御祭もせはやとおもひ居りしに、
ふしきにも御祓のふりしによりて、かくいつくしく御祭仕へ奉りける也、
廿日、弁天社中御立符之屋根江内宮之御祓降臨、廿一日弁天拝殿江相納、当家迄迎ひとして若者・
子供来ル、群集也、神酒［廿日弐樽、廿一日弐樽］〆四樽、
同日、西松嶋新田元〆主水［西嶋広岩氏］持之おげん山江外宮御祓ふり、元〆主水之内《ウチ》宮江同人
相納候よし、

廿二日九ツ時分、東松嶋新田権作之薮江内宮御本宮之御祓降臨、当家江御祓勧請頼ニ来ル、同人
之屋敷降臨之所をきりわり、宮地と相定勧請之積り相究候所、少々故障有之、尤主水心得違なり、
依之故障巨細ニ相尋、一札請取、廿四日御本社へ預り勧請致ス、九ツ半時也、神酒壱升、御備壱
せん、なげもち等也、村中一同相揃参詣、御祓持参也、
金五拾疋初穂、金百疋預り神供料也、
　西松嶋新田地内水神社［稲荷・秋葉］元〆内々持社也、往古開発之節、従当社水神之神体封
勧請也、天明年中高津波ニ而社流失、其後大岩宿後藤林蔵元〆之節、又々小社を建、水神勧
請従当家致ス、文化年中西宿広岩又右衛門、右新田買取元〆と成、水神之社地を今のおげん
山江移ス、往古より市場水神ニ並ひて松の小山也、津波ニ打崩れ、今海洗と成［字古水神を
言］、
東松嶋新田ニは開発より社なし、只御札納之札箱、村中高札場ニ有之処、或ハ捹、或ハ失、
　今一向札箱久敷無之、是新田は村持ニ而、免状も分り候也、是古新田也、西松嶋ハ新新田也、
廿二日夕暮、行合権現社中小竹之上ニ内宮御本宮之御祓降臨、廿三日同社内ニ相納、酒弐樽、
同日、中村仲蔵之屋敷内江光明山之小札ふり、廿三日社宮神江相納、酒壱樽、光尋代、
　十九日夜、坂津治左衛門、公文惣兵衛・惣作・惣助、秋葉之石燈籠弐枚、大頭梁弐枚、太神
宮之御祓ふり、坂津彦太郎屋敷江以良胡之祓ふり、都合九枚壱夜ニふりし由ニ而、中牟呂打
合、小宮四社江幟を立、公文ハ大頭梁、坂津・外神ハ若宮江籠り候よし、此四ケ村少々故障
有之、故ニ当家江は届不参、銘々燈明附（ママ）方其小社江相納候よし也、中ムロ酒都合四樽也とそ、
同月廿七日午刻、空中より内宮之御祓、市場弁天社中大杉江降臨、廿八日八ツ時同社御立符之屋
根江内宮御祓降臨、都合三度也、同日晩七ツ時同社江相納、酒弐樽有之、〆廿五樽也、御初穂三
百文受納、
　吉田町々江御祓降臨、秋葉之御小札・御像札抔数多降臨、鶴よりも小き鳥クワへ、空中より
落し候よし申触ラス、尤光文眼前ニ見し事有、廿七日前芝加藤六蔵屋敷江金幣ふり候よし、
是ハ讃岐金毘羅之御幣之よし、牛久保ニも其後ふり候よし、下町ニも有之よし、近在ハ西羽

田・富田・羽田・羽根井・橋良・草間・大崎・大津・小池・小浜・高足、村々不残大方ふり候よし、狂言・手おどり思い〲催しニ而大騒き也、

八月五日、大西与平之屋敷ニ内宮御祓ふり、又外宮之御札御師内山太夫名有之札、一両日以前ニ同村ニふり候よし、天王社ニ納ム、酒村方ニ而壱樽・与平壱樽、本社江壱升、手おどりニ而本社江参詣、

八月十一日、中村仲蔵前本畑内宮之御祓、同日同村兵蔵屋敷津嶋之御札ふり、酒壱樽同人ニ而、村方ニ而壱樽、十二日社宮神江相納、若者・中老手おとりニ而本社江参詣、御初穂三百文受納、

十二日、本社シメオロシ之節、東山御神木之際ニ秋葉之御小札・御像札弐枚降臨有之、左助見出し、夫より庄や・組頭・惣代江使を以手紙ニ而申遣ス、同日晩惣代来ル、御カリ屋ニテ祭ル、十四・五両日は大祭故、十六・十七日両日祝ひ、東脇ニ而酒壱樽、当家ニ而投もち、白米四斗搗《ツク》、手伝森田屋敷のもの十六日朝より来て七ツ時投ル、十五日夜より大西・市場若者狂言仕組、中村も交ル、十六日七ツ時中村若者・中老一手ニ襦袢揃江手おどり見事也、社中大群集、其夜狂言有之、酒四樽、御燈明料として金百疋、十七日晩七ツ時秋葉社江相納、神役人ニは白丁為着五人、一村中惣代也、

十六日晩、大西文蔵屋敷江秋葉之小札弐枚ふり、同日同村孫作屋敷江金毘羅御札ふり、十七日夜両家ニ而酒三樽、二文蔵・一孫作、十八日村中ニ而壱樽、七ツ時右之御札天王社江納ム、子供打揃本社江参詣、

文蔵・与平・孫作三人、右之御札家々ニ相納申度由申来ルニよつて九月九日遣ス、此御初穂として金三百疋受納、

十八日、中村徳蔵江内宮御祓ふり、酒弐樽、投もち有之、十九日村方ニ而壱樽、七ツ打過社宮神江納ム、初穂三百文、

廿一日、市場弁天社中江秋葉之御小札ふり、拙者留主中ニ而廿五日ニ納ム、酒弐樽、廿四日ニは若者并娘・嫁等一手ニ而手おとり、本社江参詣有之、初穂四百文受納、

廿四日、秋葉御小札市場留吉江降臨有之、同家江相納、御初穂金弐朱、酒四樽、甘酒等同人ニ而、

廿日、秋葉山江参詣、尤拙者と忰光文両人也、同夜宮口、廿一日秋葉山泊り、廿二日柴本、
廿三日浜松、廿四日八ツ半時帰宅、
三ヶ日・気賀等ニは伊勢之御祓少ク、秋葉山之御札も少ク、豊川之御札数多、気賀村ニは凡
三拾軒余も有之よし見当ル、尤三日以前より之事也、今近在ニはふり不申由、今四五日も過
候ハヽ軒別壱枚宛ニもふり給ふべしなと語ルを聞、二又ニ壱軒、雲名と光明山分り道ニ壱所
有之よし見当ル、東ハ嶋田宿迄ふり候よし、西ハ岡崎、此宿并近在ニは信州善光寺之札数多
ふり候よし、妖僧之所為か、偖此節之寄（奇）異ハ何共不審千万之事共多し、

松嶋新田ニは今日迄十三枚ふり候よし也、善治・権四郎・権作、元〆・山〆四ケ所ニ計ふル、
町方ニ而も在方ニ而も勝手向宣敷者方計ニふり候ハ如何之事ニ哉、
○其後、権四郎江尾州一之宮之小札、善治・安平江秋葉、和助江同壱枚、〆十七枚、
廿五日、中村甚左衛門江秋葉之御札ふり、酒弐樽同人ニ而買、廿七日同人宅江納め申度由申来ル、
よって聞済、右之御札持参、依之拝念、神酒等備へ執行相済候、早々為持遣ス、御神酒壱升、三
百文受納ス、
九月七日、東脇勘十本畑江役行者之札并護摩札弐枚ふり候由、酒壱樽壱斗、
同（ママ）同日、中村彦蔵江秋葉之小札ふり、八日当宮江持参、拝念致し遣ス、御初穂金壱朱受納、酒弐
樽、
　坂津喜三郎始、同村三軒、壱軒江五枚宛所々之小札ふり候由、外神万吉江秋葉之札、同久作
同断、九日坂津源之助同断、同日松しま権作同断、九月十七日坂津若宮江御札ふり、
九月十七日朝暁、外宮御師内山八郎太夫之御祓、市場彦治江ふり候趣申越、同日晩方同家江納候、
御初穂金弐朱受納、
　牟呂惣村中ニ而是迄之内外、酒凡八拾樽計も買入候よし、前代未聞之事也、十七日夕、坂津
治三郎江秋葉之御小札ふり候よし、
十八日、中村久太郎江秋葉之御小札・役行者之札ふり候よし、十九日右之御札当家江持参、拝念

致し遣ス、金壱朱受納、
九月廿八日、中村久蔵江秋葉之小札・信州善光寺之札ふり候よし、
十月（ママ）日、市場平七江御鍬之御札ふり、当方江持参、拝念致し遣ス、御初穂三百文受納、芥川伝太夫之御札也、
十一月三日、外神久蔵江秋葉山之御札ふり、

神異

牟呂より後

○船町つぼや裏ニ大神宮之御祓ふりしを、いせ詣の旅人わすれしにやとおもひて垣ニ挟み置けり、家内三人おこり、又種々之病ニ而煩ひ苦しみけり、あるト者に占はしむるに、いせの御祓をおろそかにせし罪によりて、しかなやむといひけり、直ニ御わひ申、家を清め、神祭りをせしかは、たちまち治しけりとなん、

同

○新町某、御祓ふりし家ニ而御祓ニ燈明を献しありしを、某其火ニ而煙草のみけり、忽口びら（ママ）はれかへりて苦しめり、其町内打そろひ、こハ神罰なりとおとろき、石燈籠之所江百度詣せしかは、少しは直りけり、されといまた元のことくにハ治せずとぞいふなる、
○西羽田作治郎といふものゝ家に、大津より十八九才之下男おきけり、此男ニ秋葉山の天狗よりかゝり給ふとて、種々の奇異を語る、其後野狐のしわざといひふらし、入牢と成、
○遠州中之郷ニも四十余の女［尤人之妻也］ニもかゝり給ひて、種々のことを語るよし、後ニ専ニ野狐之所為也とぞ、
○同国山崎、舞坂之在也、十五六才の男子にもしかより給ひて、奇しきこと語り給ふとそ、
○同国新所の子供六人計、神がくしあふ、尤すぐに出たりとそ、
○八月廿五日夜四ツ時分、御守上大聖寺江秋葉之木像ふり候由、大き成物音致し、早々見出候処、

至ク匂ひクサク、能々見明候処、右之像を杉枝ニ而包み、しめ縄ニ而結ひ付、洗米壱合五勺計右之杉葉ニ而包み有之、夫より取上開帳、七ケ日之間大群集也、同時ニ大村江金仏像ふり、中世古観音堂江木像ノ仏ふり候よし、此二ケ所ハ群集せズ、只咄し計也、大聖寺之群集ハ大造成事也、説ニ越後辺之像ナラン、洗米之米も至而寒国之米也、天狗之ふらし給ふ也と云サワグ、

○大津村某之子、四才男子也、神かゝりにて種々之事を語るよし、

牟呂之神異　此近辺ニ而御札之降始也

七月十四日七ツ時分、外宮御祓大西多治郎屋敷江御下りを、大海津某見しに［此者少し下愚也］おとろかで通り過けり、跡に又子供通りけり、其跡ニ大西村源三郎屋敷富吉［家名勘兵衛］通りかゝりしに、此御祓を見ると先組頭富蔵［家名万治郎］ハ多治郎之隣なれハ、持行て御祓ふりし由申き、富蔵いふ、先源三郎ハ穢中故、清治郎方江持行給へといひし故に、清治郎方へ持行しに、清治郎も此もちゆきし富吉も甚うたがひけり、文政之度御祓ふりしに、御師之名ある御祓ふりし事なかりき、此度之御祓に御師内山八郎太夫とありしハいぶかしといひて、いたく疑ひけり、されと先々預り給へとうたがひながらいひ預ケて、富吉ハ家に帰る、其夜富吉忰八才なりし男子、病なくして急に死き、されど神罰とハおもはさりけり、

同し夕くれ、天王社之東［シコ名をトコナベ］といふもの、友蔵にいひけらく、いせの御祓ふりしなといひさわく、その御祓にハスゝはつかぬか、おほかたすゝびたりけんといひていぶかしかる、尤妻十三日よりおこりを煩ひけり、十四日ハ間にて、十五日ふるひながら精霊祭を起てしけるに、頓に病おこりてその夜半はかりに死き、此ふしぎにおとろき、其あたりのものども、こハ神のなし給ふ所也、富吉も此ものも両人ともにいたくうたがひしために、かゝる神罰のありし也、此二人ハもとより信心のなきものにて、心よろしからぬものなり、おそるべし、つゝしむへし、かならすうたかふべからず、

その晩十五日夕くれかた、天王社中庚申の東の雑木の枝に磯部の御祓ふりけり、その御祓にハ世古長官とあり、

十六日の朝より、とやかくやと皆々の口々あやしかりおそれをなし、此ころ近村にて御鍬祭といふこと流行に、此牟呂計しかせさる事を、神のしるし見せてなさせ給ふなるへしなと、口々にいひさわぐ、其夜大西惣代二人、おのかもとに来て、ありつるさまかたるまに〳〵こゝに書置、これより祭はじまりし也、

文政十三寅年のおかけの起原ハ、伊勢国なる、とある森を御師某、夜半はかりに通り過けるに、人大勢居なみたるさまにて、近頃神宮参詣うすし、御祓ニてもふらせて人々の信をおこさすハ、あるへからすなと評議なり、こハ世にいふ天狗の評議なるへしとおもひ侍りぬと御師某語りけるとそ、こハ内宮権禰宜八羽志摩光穂か正に語りけるをこゝに書つぐ、其評議をきゝてしはらくありしかハ、御かけ詣といふことといてきたり、神の御はかりハ尊くとも尊くなん、両宮の御祓をかの山人、人になりて受取て、空中よりふらし給へるなり、一枚たともかならずおろそかにすべからず、

（裏表紙）
「両社大宮司　森田肥後守　四拾三才
同　　　　森田陸奥守　拾五才」

【著者紹介】

渡辺 和敏（わたなべ かずとし）

1946年　静岡県生まれ
1976年　法政大学大学院博士課程単位取得
現在、愛知大学経済学部教授、博士（文学）
主な著書等＝『近世交通制度の研究』（吉川弘文館）、『宿場』（共著、東京堂出版）、『東海道の宿場と交通』（静岡新聞社）、『東海道交通施設と幕藩制社会』（岩田書院）等
研究分野＝日本近世史。もともと江戸時代の都市と農村の関係を研究し、その一環として宿場町を調べていた。それが何時の間にか「交通史の渡辺」というレッテルを張られ、仕方なく最近はもっぱら交通史の研究に埋没している。

愛知大学綜合郷土研究所ブックレット ❶

ええじゃないか

2001年3月31日　第1刷　　2006年3月31日　第2刷発行
著者＝渡辺 和敏©
編集＝愛知大学綜合郷土研究所
〒441-8522 豊橋市町畑町1-1　Tel. 0532-47-4160
発行＝株式会社 あるむ
〒460-0012 名古屋市中区千代田3-1-12　第三記念橋ビル
Tel. 052-332-0861　Fax. 052-332-0862
http://www.arm-p.co.jp　E-mail: arm@a.email.ne.jp
印刷＝東邦印刷工業所

ISBN4-901095-31-5　C0321

刊行のことば

愛知大学は、戦前中国上海に設立された東亜同文書院大学などをベースにして、一九四六年に「国際人の養成」と「地域文化への貢献」を建学精神にかかげ開学した。その建学精神の一方の趣旨を実践するため、一九五一年に綜合郷土研究所が設立されたのである。

以来、当研究所では歴史・地理・社会・民俗・文学・自然科学などの各分野からこの地域を研究し、同時に東海地方の資史料を収集してきた。その成果は、紀要や研究叢書として発表し、あわせて資料叢書を発行したり講演会やシンポジウムなどを開催して地域文化の発展に寄与する努力をしてきた。今回、こうした事業に加え、所員の従来の研究成果をできる限りやさしい表現で解説するブックレットを発行することにした。

二十一世紀を迎えた現在、各種のマスメディアが急速に発達しつつある。しかし活字を主体とした出版物こそが、ものの本質を熟考し、またそれを社会へ訴える最適な手段であると信じている。当研究所から生まれる一冊一冊のブックレットが、読者の知的冒険心をかきたてる糧になれば幸いである。

愛知大学綜合郷土研究所